AF499673

A Monsieur le Maire

ET

A MESSIEURS LES MEMBRES DU CONSEIL MUNICIPAL

DE LA VILLE DE NIMES.

Messieurs,

Il y aura bientôt deux ans que je m'occupe du problème important de procurer de l'eau à la ville dont les intérêts vous sont confiés. Quand je publiai la première livraison de ces *Études*, mes opinions étaient encore trop peu arrêtées et mon travail trop imparfait pour que je dusse vous en faire publiquement hommage.

Maintenant, je l'espère, mes pas se sont raffermis ; j'ai étudié la question dans son ensemble et dans la plupart de ses détails ; mes opinions ne doivent plus varier ; — j'ose donc vous adresser cette seconde partie.

Serai-je assez heureux pour que vous pensiez tous avec moi :

Que Nimes ne doit demander qu'au Gardon l'eau qui lui manque ;

Que cette eau doit être prise à Lafoux,

Elevée par une machine mise en jeu par le courant lui-même,

Et conduite à la ville dans l'aqueduc romain?

Telle est mon opinion dernière.

Pour l'établir avec solidité, pour en fournir les preuves jusqu'à l'évidence, je donnerai dans ma troisième livraison le complément de mes recherches historiques, et particulièrement l'analyse critique des projets les plus modernes, de ceux que quelques personnes préfèrent peut-être encore à celui que j'ai adopté. J'espère trouver de nouveaux argumens pour combattre avec avantage même sur ce terrain.

Si vous vouliez, Messieurs, recevoir aujourd'hui mes deux premières livraisons avec bienveillance, et si vous permettiez que la troisième parût plus tard, officiellement, sous vos auspices, j'en ressentirais la satisfaction la plus vive et je redoublerais de zèle et d'efforts dans une entreprise qui exige de ma part des sacrifices de plus d'un genre.

Quand j'ai pris la plume pour la première fois, Nimes était au moment de se jeter dans une entreprise désastreuse pour ses finances, au jugement de beaucoup de citoyens éclairés. Si j'ai contribué par mon travail à détourner d'une résolution funeste, j'ai rendu service, je ne crains pas de le dire, à une cité que je regarde comme ma seconde patrie.

Je crois fermement, et je voudrais, Messieurs, que

votre opinion unanime vînt donner à ce faible écrit l'autorité que lui manque, je crois que toute entreprise qui conduirait l'eau depuis Boucoiran coûterait près de six millions, tandis qu'il faudrait à peine le quart de cette somme pour les trois cents pouces qu'on amènerait de Lafoux, et qui suffiraient à nos besoins....

Si nous joignons à ce produit celui de notre belle *Fontaine*, celui de l'aqueduc romain disposé en réservoir et celui des sources du parcours, comme je l'explique dans mes brochures, Nimes recevra plus de quatre cent cinquante pouces d'eau, et deviendra sous ce rapport, qu'on ne l'oublie pas, une des villes les mieux partagées. J'insiste sur ce point parce qu'il est capital dans la question.

Toulouse n'a que deux cents pouces d'eau et n'a pas besoin de davantage ; ce qui fait par jour et par habitant . . . . 80 lit.

Liverpool n'a que. 28

Manchester. 44

Edimbourg 62

Londres. 80

Glasgow, la ville la plus favorisée de l'Angleterre. . . . , ... 100

En supposant à Nimes cinquante mille habitans, avec quatre cent cinquante pouces d'eau, il y aurait par jour, pour chacun 180

Mais, comme la population actuelle n'est

que de quarante cinq mille habitans, chacun aurait en réalité. 198

Il me semble que ce chiffre peut répondre à toutes les exigences.

Veut-on savoir de quoi Paris se contente? D'après un rapport administratif de ce mois même, (juillet 1843), la quantité d'eau qui coule journellement dans cette capitale est, cette année, de cent trois millions deux cent quatre-vingt-seize mille litres (103,296,000), ce qui fait cent trois litres pour chaque individu, tandis que, suivant notre projet, Nimes en aurait cent quatre-vingt-dix-huit...

A Paris, peu de l'eau disponible est vendue aux habitans. Si l'on calcule d'après la somme que la ville perçoit pour cet objet, on n'atteint que la cinquantième partie du total ou 2,681,000 litres. Il y a donc tous les jours cent millions de litres environ d'employés au service général de la ville, c'est-à-dire, pour les classes pauvres, pour les fontaines publiques, les rues et les égouts, en un mot, pour tout ce qui n'est pas concessionnaire.

A Nimes, l'eau qu'on pourrait placer pour de l'argent, à temps ou à perpétuité, serait dans une proportion bien plus faible. Au moment où l'on établit les fontaines de Toulouse *quinze* pouces d'eau furent destinés à des concessions privées, moyennant une rétribution très-modique; on n'en a pu placer que la moitié. N'est-il pas probable qu'au même prix on n'en vendrait pas quatre pouces dans notre ville ?

Paris a par jour . . . . 103,000,000 de lit.

Nimes en aurait 9,000,000

C'est-à-dire, à peu près le onzième quand la population n'atteint pas le vingtième.

On le voit par tous ces exemples, il ne serait pas raisonnable de faire un argument contre notre projet *de la petite quantité d'eau qu'il doit produire*, alors qu'il donne une large, une surabondante satisfaction aux besoins de la cité, tout en restant, sous le rapport de la dépense, dans les limites de ses ressources; d'ailleurs, en augmentant les allocations, il sera toujours facile d'augmenter les produits d'une manière proportionelle et progressive.

Messieurs, dans votre session ordinaire de novembre 1842, vous avez voté « un crédit de cinquante » mille francs pour l'exécution de travaux d'essai » sur la ligne du projet Perrier. » — Vous avez aussi « destiné six mille francs à faire étudier sur les » lieux toutes les idées qui se rattachent à l'aqueduc du Pont-du-Gard, aux sources qu'il recueillait dans son parcours et à son rétablissement » partiel. »

Je crois que, dans l'intérêt de la ville, l'administration municipale ferait bien d'ajourner encore ces dépenses et qu'elle épargnerait ainsi, sans inconvénient, la plus grande partie de ces deux sommes.

Le printemps ayant été très-pluvieux cette année, la recherche des sources du parcours de l'aqueduc, l'estimation et le mesurage des eaux à faire pendant l'été, donneraient certainement des résultats exagérés dont les années de sècheresse viendraient plus tard démontrer le peu de persistance.

De plus, si l'on creusait, à titre d'essai, le puits le plus profond du projet Perrier, si l'on perçait les deux galeries qui doivent partir du bas en divergeant, on rencontrerait cette année beaucoup plus d'eau qu'aux étiages ordinaires.

Quand, M. le capitaine Bernard et moi, nous aurons terminé nos recherches communes sur l'aqueduc romain, quand nous les aurons publiées en les comparant à celles de MM. Valz, Didion et Talabot, les explorations que la ville projette seront plus faciles et moins dispendieuses, si elles ne sont pas devenuesinutiles.

On trouvera sur notre plan non-seulement le parcours exact de l'antique aqueduc, mais encore l'indication distincte des parties conservées et de celles qui ne le sont pas, de sorte qu'il ne restera plus à l'administration municipale qu'une simple vérification à ordonner.

Si les recherches de M. Bernard et les miennes venaient à démontrer, pour le projet de Boucoiran, que le point où M. Perrier propose de percer la chaîne de nos collines n'est pas le plus favorable et qu'il y aurait de grands avantages au contraire à adopter l'une des directions proposées par M. Delille, par M. Valz, ou par tout autre, n'aurait-on pas fait une dépense inutile, en essayant pour cinquante mille francs de travaux sur une ligne qu'il faudrait rationnellement abandonner ?...

Cette faute a déjà été commise à l'occasion du projet de M. Valz. Des dépenses ont été faites, des puits creusés, le tout en pure perte, puisque peu de temps après on a cru devoir préférer le parcours de M. Perrier La topographie exacte de la chaîne qui nous sépare du Gardon, à l'aspect du nord, est un préliminaire indispensable à toute entreprise; on ne devra creuser des puits, ouvrir des galeries que quand ce travail important, qui n'a jamais été fait, aura été préalablement accompli et livré à la critique des hommes spéciaux et du public.

Mais, indépendamment de ces études et de tous travaux d'essai, je pense que d'hors et déjà le simple raisonnement peut suffire pour qu'on apprécie et qu'on juge tout projet par lequel on veut amener les eaux de Boucoiran au travers de nos montagnes. Si je ne m'abuse, l'opinion générale s'éclaire assez pour qu'on doive épargner cinquante mille francs de tentatives qui ne changeraient rien, quel qu'en fût le résultat, au véritable état de la question.

En effet, accordons, avant même que l'expérience ait prononcé, que les rigoles, les tranchées, les puits, les percés, en un mot, tout ce qui est compris dans les devis, ne coûtera réellement que deux millions cinq cent mille francs; — n'existe-t-il pas dans ces devis des omissions telles que la dépense en sera au moins doublée?.... L'administration municipale veut-elle aller jusque-là?

Sur ce point important *de la dépense à faire,* cette seconde livraison contient certains détails que nous complèterons dans la troisième.

Il pourrait être satisfaisant, nous n'en disconvenons pas, de savoir si les puits, les tranchées, les galeries ne coûteraient pas plus qu'on ne les évalue, mais, en accordant d'avance ce résultat comme acquis, *l'exécution complète du projet serait encore au-dessus des ressources de la ville*, et quel motif aurait-on dès-lors de sacrifier cinquante mille francs à des essais qui ne résoudraient pas la difficulté la plus grave?...

Il n'y a donc aucun inconvénient à retarder ces expériences coûteuses, il nous paraît même très-sage de les supprimer tout-à-fait, car, dans un délai raisonnable beaucoup de choses s'éclairciront assez, nous le pensons, pour que la ville ne dépense pas en pure perte une somme bonne à économiser.

Quoi qu'il en soit, Messieurs, à l'exemple de

Delon, nous n'en poursuivrons pas moins nos recherches avec une infatigable persévérance.

Nous ne pouvons, nous le sentons bien, vous offrir, comme M. Valz, son digne continuateur, le tribut de connaissances profondes, positives, variées; mais, en marchant sur les traces de ces excellens citoyens, animé du même zèle que le premier, honoré de la bienveillance du second, nous nous inspirerons toujours de leur généreux patriotisme.

Par leurs études incessantes *sur la question des eaux*, ils ont bien mérité, tous deux, de la cité. Puissions-nous, en continuant, en clôturant enfin leurs travaux, obtenir la troisième place dans la reconnaissance que la ville de Nimes leur doit à si juste titre, et qu'elle leur accordera sans doute quand elle connaîtra parfaitement, quand elle appréciera à leur valeur réelle les services qu'elle en a reçus.

J'ai l'honneur d'être, avec un respectueux dévouement, Monsieur le Maire, et Messieurs les Conseillers municipaux,

Votre très-humble et très-obéissant
serviteur et administré,

Jules Teissier.

Anduze, le 20 juillet 1843.

DE NISMES

ET

DE SES EAUX.

La ville de Nismes manque d'eau, c'est un fait que personne ne conteste ; — s'en procurer, en quantité suffisante, sans excéder les ressources dont on peut disposer, voilà le problème qu'on agite depuis longtemps.

La question serait facile à résoudre si l'on ne posait pas une limite étroite à la dépense, ou bien si la ville ne demandait qu'un produit peu considérable.

Dans le premier cas, on irait droit au Rhône par une dérivation de niveau ; dans le second, on ne devrait s'occuper que d'ouvrir des tranchées dans la plaine, au pied de la ville, et l'eau qu'on y trouverait serait tout bonnement élevée par une machine à vapeur.

Mais, si l'on n'a pas vingt millions, au moins, à dépenser, il faut renoncer à la dérivation du Rhône, tandis qu'un million suffirait largement pour les tranchées à ouvrir dans le voisinage.

On a vu, dans la première partie de notre travail, que nous avions conçu ce dernier projet pour nous renfermer strictement dans les limites de dépense de l'ancien programme municipal. Il suffirait, sans doute, à la satisfaction des besoins actuels, mais, comme la nature des lieux ne permet d'espérer qu'une quantité d'eau limitée, il ne répondrait peut-être pas aux besoins de l'avenir. Ne serait-il pas possible de mieux faire, si la ville se relâchait un peu de la sévérité de ses conditions?

Le conseil municipal y paraît disposé, puisqu'il a adopté en principe un projet d'après lequel on amènerait les eaux prises à Boucoiran dans le canal Calvière, jusqu'à Nismes, par une rigole de dérivation ; mais le conseil municipal ne sait peut-être pas complètement à quoi il s'expose. Cette idée du canal de Boucoiran est déjà bien ancienne ; elle était mise en avant par M. Delille, ingénieur de la province de Languedoc, lorsque, le 25 janvier 1788, la ville déclara, par la bouche de son premier consul, M. Martin, grand-père, je crois, de M. le maire actuel : « *que ce plan serait trop dispendieux et trop au-dessus* » *des ressources de la communauté.* »

On avait, sans doute, oublié cette ancienne décision quand on revint de 1827 à 1839 à un projet rejeté depuis un demi-siècle ; cependant, lorsqu'il s'est agi des voies et moyens d'exécution, on s'est arrêté tout court, et je pense qu'on a sagement fait.

Une décision ministérielle de septembre 1841, que le *Courier du Gard* n'a publiée que le 4 octobre 1842, annonce que M. le ministre des travaux publics a reconnu que la dérivation sur Nismes *d'une partie des eaux du Gardon*, prise à Boucoiran, était une entreprise d'utilité publique, et qu'il y avait lieu, dès lors, d'accorder l'autorisation de dériver du Gardon dans le canal Calvière, pendant l'étiage de cette rivière, un volume d'un mètre et un tiers d'eau par seconde, *environ six mille pouces fontainiers.*

La concession de *partie* des eaux du Gardon était, sans doute, un préalable nécessaire à l'exécution du projet que la ville semble préférer ; mais une première objection se présente à l'esprit de tous ceux qui connaissent cette rivière, et, surtout, de ceux qui habitent sur ses bords : — Le canal Calvière contient-il, ou peut-il prendre du Gardon, à l'étiage, six mille pouces fontainiers? Nous ne le croyons pas. Nous l'avons déjà dit dans notre première partie : jusqu'au moulin de La Baume et à la jonction de la rivière d'Eure, le Gardon est peu de chose en été, et son volume tend à diminuer d'année en année, par des causes que nous avons fait connaître.

Notre opinion isolée serait sans doute peu décisive, mais nous pouvons heureusement lui donner pour appui celle d'hommes très-compétens dont les observations confirment les nôtres.

Ainsi, des mesurages faits avec soin, avant 1839, n'ont donné dans le canal Calvière que *dix-huit cents pouces* fontainiers, et, en 1839, année de grande sécheresse à la vérité, on n'en a trouvé que bien moins encore. Ces faits sont bien connus à Nismes, ainsi que leurs observateurs qui, par leur caractère et la spécialité de leurs connaissances, jouissent d'une considération justement méritée.

Et ce n'est pas seulement dans ces dernières années qu'on s'est aperçu du peu d'eau que le Gardon fournissait de temps à autre, en été. Nous avons cité, dans notre première partie, l'opinion de Poldo-d'Albenas; deux cents ans après, le cinq janvier 1792, les quatre commissaires de la ville et de l'Académie, dans le jugement qu'ils rendirent pour l'examen du prix proposé par la ville de Nismes sur la question qui nous occupe, mirent en doute « si le Gardon » pourrait suffire à fournir la quantité d'eau que De- » lon se proposait d'y prendre », et qui était bien loin de *six mille pouces*. Ce rapport est déposé aux archives du département.

Certes, il était chimérique de croire que les pompes que Delon voulait placer au Pont-du-Gard épuiseraient le Gardon, mais les craintes des commissaires de l'Académie prouvent le peu de confiance qu'on a eu de tout temps, depuis les Romains jusqu'à nous, au volume d'eau de cette rivière. Ce peu de richesse ne sera point une objection fondée quand on ne voudra prendre que mille ou quinze cents pouces d'eau *au Pont-du-Gard*; mais il le sera certainement quand on aura la prétention de prendre *six mille pouces d'eau*, *à l'étiage*, *à Boucoiran*.

Nous avançons, et nous ne craignons pas d'être démentis par aucun de ceux qui connaissent le cours des rivières torrentielles, que des mesurages isolés et qu'on n'a répétés que trois ou quatre fois à plusieurs années de distance, ne signifient absolument rien pour établir d'une manière positive la quantité d'eau que ces rivières peuvent donner en *minimum*, à l'étiage.

Quel que soit le talent des commissions nommées, quelque honorables que soient les noms qu'on y inscrive, les résultats obtenus ne prouvent que pour le moment de l'observation, et ne donnent nullement la connaissance du *minimum* général du cours d'eau.

Voilà ce qui explique, sans qu'il y ait lieu de soupçonner personne de supercherie, les différences énormes qu'ont trouvées, soit les divers observateurs isolés, soit les commissions qui se sont occupées du mesurage d'un cours d'eau.

Tant qu'une commission permanente n'aura pas renouvelé tous les jours ses mesurages pendant plusieurs années, il n'y aura que les habitans riverains qui dirigeront leur attention de ce côté; il n'y aura que les propriétaires intelligens d'une usine placée sur le Gardon, qui pourront répondre pertinemment à cette question : Croyez vous qu'à l'étiage il soit possible de dériver du Gardon, par le canal Calvière, six mille pouces d'eau, en en laissant encore dans le lit du torrent pour les riverains inférieurs? A cette question capitale, tous ceux qui connaîtront bien la rivière et qui seront de bonne foi repondront hardiment, *non*.

Je vais citer un fait qui prouve combien les mesurages isolés, accomplis même par des hommes habiles, sont peu concluans pour faire connaître l'état ordinaire d'une rivière en été, et combien la simple opinion des gens qui ont continuellement la rivière sous les yeux est préférable. Ce fait, le voici :

En août 1821, MM. Delpuech et Durand procédèrent au mesurage des eaux des deux Gardons d'Alais et d'Anduze; ils trouvèrent que, par 24 heures, le premier, pris à Alais, donnait, mèt. cub. 41679
Celui d'Anduze, pris à la Magdelaine,... 207560
(Mémoire sur le projet du canal d'Alais à Nismes et à la mer, in-4°, 1832, page 9.)

M. Méric, alors notaire, aujourd'hui juge de paix du canton de Vézénobre, ne put laisser passer une aussi grave erreur, et il répondit avec juste raison (dans ses observations sur ce mémoire, page 12) : « Il suffit d'avoir vu le Gardon d'Alais et celui d'Anduze pour être convaincu que la différence qui existe » dans les masses d'eau que fournissent ces deux rivières est, tout au plus, celle de 3 à 5, et nullement celle de 41 à 207, ce qui est une erreur bien » considérable. »

Autre erreur singulière des mêmes auteurs, dans laquelle peuvent bien tomber des ingénieurs qui ne viennent là qu'en mission momentanée, mais qu'un simple habitant du voisinage ne commettrait pas.

MM. Delpuech et Durand disent avoir fait au mois d'août le jaugeage du *Droude*, torrent qui se jette dans le Gardon aux environs de Brignon; et M. Méric, propriétaire et habitant sur les lieux, leur demande « Comment ils ont fait ce mesurage au mois

» d'août, le *Droude* ne coulant jamais à cette époque.
» Loin d'être, leur dit-il, comme vous le voulez, une
» rivière considérable qui fournisse aux besoins de
» Lascours et Cruviers, de Brignon et Moussac, le
» *Droude* est à sec six mois de l'année, et n'est d'au-
» cune utilité dès la fin de mai. » (Ibid. p. 12 et 17)

Voilà de simples exemples des fautes dans lesquelles on peut tomber de bonne foi, lorqu'on n'a pas une connaissance ancienne et journalière des choses et des lieux. Nous en citerons bien d'autres quand nous exposerons un à un les divers systèmes qu'on a proposés pour l'emploi des eaux du Gardon.

Ne pouvant se refuser complètement à l'évidence et nier le peu d'eau que fournit cette rivière en été, et le besoin indispensable dont elle est pour les habitans de ses bords, MM. Delpuech et Durand fondent, dans un autre endroit de leur mémoire, leurs espérances sur les crues momentanées de l'été qui, disent-ils, arrivent généralement une fois tous les mois, et maintiennent, pendant plusieurs jours, dans la rivière, une quantité d'eau considérable. « Avec
» des allégations, répond M. Méric, on ferait du
» Gardon un fleuve navigable; mais la vérité est que
» la pénurie d'eau se fait généralement sentir depuis
» le mois de juin jusqu'à la fin de septembre » (exactement comme à la Fontaine de Nismes) » ; souvent
» elle commence plus tôt ou finit plus tard, selon que
» les pluies du printemps ont été plus ou moins abon-
» dantes, et que celles d'automne sont plus ou moins
» retardées ; mais il est rare que son cours soit bien

» rétabli avant le premier octobre. Si quelque pluie
» d'orage remplit son lit, ce n'est guère qu'à la fin
» d'août ou en septembre, et cette eau disparaît ordi-
» nairement en deux jours. (Page 14.)

» *On est obligé de suspendre le travail des moulins*
» *de Boucoiran, mis en mouvement par les eaux du*
» *canal Calvière, deux ou trois fois en vingt-quatre*
» *heures, pendant les mois d'août et de septembre,*
» *afin de laisser ramasser dans leur écluse l'eau néces-*
» *saire pour les alimenter.* » (Page 9.)

Ce simple fait, attesté par un homme éclairé qui a constamment habité le voisinage, me prouve que le canal Calvière ne peut pas fournir à Nismes, au moment de ses besoins, six mille pouces d'eau, en en laissant encore dans le lit de la rivière ce qu'il faut pour les usages des communes voisines auxquelles ces eaux sont indispensables, et qui ont sur elles des droits naturels et imprescriptibles.

Toutefois, je ne prendrai pas encore de conclusion absolue, j'observerai seulement qu'il résulte de tous ces faits, que la question du volume des eaux du Gardon n'est pas suffisamment étudiée. Il faut observer cette rivière, jour par jour, tous les étés, pendant plusieurs années, pour dresser un tableau comparatif de l'eau qu'elle peut fournir, soit pendant les étiages favorables, soit pendant les étiages moyens, soit pendant les étés de sécheresse extrême. La quantité d'eau dont on peut disposer, voilà le point capital qu'il importe de fixer avec précision par des études persévérantes, avant que de prendre une résoluion qui pourrait être fatale, avant que de commencer même des travaux d'essai, avant que de se jeter, pour un résultat incertain, dans des dépenses dont le chiffre est plus incertain encore.

On avance qu'il en coûtera deux millions cinq cent mille francs pour prendre les eaux du Gardon à Boucoiran, et les conduire à Nismes. Personne n'ignore combien de pareilles estimations sont peu sûres, et les journaux nous entretiennent tous les jours de devis émanés d'ingénieurs habiles, que la dépense réelle dépasse énormément.

Au prix de deux millions et demi, une compagnie se présente-t-elle pour exécuter le projet, à forfait, à ses périls et risques? nullement. On propose à la ville d'exécuter elle-même les travaux en les donnant partiellement à l'entreprise comme ils sont spécifiés dans les plans et devis déjà faits.

Beaucoup de personnes redoutent, avec raison, un pareil expédient, car il est souvent des parties de travaux qui ne trouvent pas d'adjudicataires, d'autres qui sont abandonnées par les entrepreneurs après les premiers essais, de sorte qu'il faut en venir à des supplémens de prix. Comme les hommes intelligens et solvables ne veulent pas s'engager à faire, quelles que soient les éventualités, des travaux où des obstacles imprévus peuvent se trouver à chaque pas, il en résulte que la ville ne peut estimer d'avance, même d'une manière approximative, l'étendue de ses sacrifices. Des eaux qui se sont rencontrées d'une manière fortuite dans les percés de Marseille, une roche plus ébouleuse qu'on ne l'avait conjecturé dans le percé d'Alzon, n'ont-elles pas extrêmement élevé le chiffre de la dépense? et croit-on trouver des entrepreneurs qui se oumettent à supporter les conséquences de ces vénemens ou de tous autres dont les effets seraient analogues ? Quand une ville a commencé cependant un travail de cette importance, elle ne veut pas reculer dès les premiers obstacles; elle ne veut pas renoncer à ses premiers sacrifices et à ses premiers travaux ; l'argent dépensé force, pour ainsi dire, à continuer la dépense tant qu'il reste quelques ressources de disponibles, et il arrive alors, ou qu'on se grève, bon gré mal gré, d'une dette exorbitante, ou qu'il devient impossible de finir ce qu'on a commencé.

En 1832, une compagnie proposait de se charger, pour deux millions cinq cent mille francs, de l'exécution du projet de M. Valz; la ville ne put s'accorder avec elle; cette compagnie s'en félicite aujourd'hui, car l'un de ses membres principaux me disait que, même sans contretemps imprévus, elle aurait, au moins, perdu cinq cent mille francs. N'oublions pas pourtant, que, pour couvrir ses dépenses, outre les deux millions et demi donnés par la ville, cette compagnie espérait retirer une somme très-considérable de la vente de la plus prande partie des eaux amenées dont elle se réservait la propriété.

Il est donc à craindre que dans le projet dont on

s'occupe, l'achat des terrains pour emplacer le canal, l'indemnité à donner à M. de Calvière et à tous ceux qui sont en possession de l'usage des eaux, le creusement du canal, les constructions accessoires et, surtout, les percés de montagnes, ne doublent les dépenses prévues. La ville serait-elle en position de faire une pareille dépense?

Si on en excepte quelques minimes parties du parcours, on n'a le projet de faire qu'un simple fossé, qu'une simple coupure dans le terrain ou le rocher, sans voûte, sans murs latéraux, sans pavé de maçonnerie. Je sais bien qu'en ajoutant ces objets on ajouterait beaucoup au chiffre de la dépense qui dès-lors excéderait de beaucoup deux millions et demi, mais si ces constructions sont nécessaires, il faut les adopter, il faut réparer une omission fâcheuse; il vaut mieux savoir pleinement à quoi s'en tenir à l'avance que de commencer pour s'apercevoir plus tard que rien ne se ressemble aussi peu que les prévisions et la réalité.

Pour la construction des aqueducs les Romains sont évidemment nos maîtres; étudions celui qui nous fournit de l'eau pendant trois siècles, et qui dure depuis dix-sept cents ans, nous verrons que partout ils ont établi le fond et les côtés en maçonnerie très-solide pour éviter la fuite et la détérioration de l'eau.

L'aqueduc antique repose sur un épais massif de bêton fait avec de la rocaille et de l'excellente chaux hydraulique; les côtés sont des murs en pierres le plus souvent dressées, équarries et noyées dans le mortier. Non contens de cela, les Romains ont fait un ciment de deux pouces d'épaisseur avec de la fleur de chaux et des briques concassées dont ils ont revêtu tout l'intérieur de l'aqueduc. Enfin, sur ce mastic parfaitement regréé, ils ont passé plusieurs couches d'une couleur à l'huile et au brun-rouge. Cette couleur, dont j'ai lu quelque part que l'existence était contestée, existe encore partout où l'aqueduc est conservé.

Il semblerait qu'une construction si soignée, que tant de précautions auraient dû atteindre parfaitement le but; il n'en est rien pourtant, et si l'on étudie l'aqueduc, avec soin, sur toute sa longueur, on trouvera des traces évidentes de pertes, de fuites nombreuses, surtout du côté de *Vers*. Outre le bêton et la muraille, le ciment de briques et la couleur à l'huile, l'eau devait encore être contenue par une forte couche intérieure de ses propres dépôts, espèce de tuf compacte ou d'albâtre impure qui, dans certains endroits, a jusqu'à un pied d'épaisseur tant sur le fond que sur les côtés, et forme ainsi cuvette dans tout le canal. Tant d'obstacles à la filtration n'ont pu prévenir le mal, en entier, comme le prouvent les masses de tuf qui accompagnent les parois de l'aqueduc dans beaucoup d'endroits à l'extérieur.

Qu'on ne croie pas que ces précautions extrêmes n'aient été prises que pour les parties de l'ouvrage enfouies, ou pour celles qui sont en sur-élévation; elles avaient été prises égalemment dans les tranchées et les percés pratiqués dans le rocher. Je ne connais qu'une exception qui prouverait combien les Romains étaient observateurs et habiles dans ce genre de travaux si elle n'était contestable ; le seul endroit où le canal percé dans le rocher n'ait pas de revêtemens intérieurs en maçonnerie, en ciment et en couleur, c'est au vallon des Escaunes près Sernhac.

Les Romains s'étaient convaincus qu'à cause de ses nombreuses fissures et de ses anfractuosités *la roche néocomienne était toujours perméable* ; en conséquence, dans leur aqueduc, ils l'ont toujours revêtue des diverses couches que nous indiquions tout-à-l'heure.

Quant à la roche *tertiaire*, si réellement l'aqueduc dans le vallon des Escaunes a été primitivement privé d'enduits et de couleurs, les Romains auraient vu que quelquefois l'eau ne pouvait traverser cette formation qu'on rencontrait complètement massive, et alors ils se seraient dispensés d'y appliquer aucun revêtement. Toutefois, je suis plus porté à croire que le bêton, le mur, le ciment et la couleur manquent aux Escaunes parce qu'ils ont été détruits de main d'homme, que parce qu'on a cru pouvoir se dispenser d'en mettre. Ce qui me confirme dans cette idée, c'est que là où manquent les murs latéraux, le percé dans le rocher est plus large que l'aqueduc ordinaire dans œuvre. Si l'on n'avait voulu réserver la place de ces murs, pourquoi aurait-on dépassé l'aire ordinaire de l'ouverture ? D'ailleurs, à Sernhac même, à Vers et dans beaucoup d'autres localités, quoique le canal soit creusé dans le terrain tertiaire, il a tous ses revêtemens intérieurs, parce que la roche qui l'encaisse n'est pas parfaitement compacte.

Nous avons cru devoir insister sur ce point parce que la rigole qu'on se propose de creuser ou de percer depuis Boucoiran jusqu'à Nismes sera dans les mêmes conditions géologiques et climatériques que le fut l'aqueduc des Romains, et que, par conséquent, si nous avons foi en leur mérite et leur expérience pour ces sortes de travaux, nous devons les imiter et adopter les mêmes précautions.

La rigole à creuser aura vingt-deux mille sept cents mètres à ciel ouvert, et plus de huit mille mètres de percés dans le rocher. Comme ils le furent pour l'aqueduc romain, ces travaux seront ouverts dans la terre meuble, la brêche calcaire, les divers étages de la formation néocomienne, et, accidentellement, dans la formation tertiaire. Il faudra dès-lors partout, comme il l'a fallu pour l'aqueduc antique, un massif de bêton en rocaille et chaux hydraulique pour fondement, et, sur les côtés, deux banquettes en moellons parfaitement équarris et maçonnés; de plus, un revêtement continu, de briques concassées et de fleur de chaux; de plus, partout où l'eau pourra atteindre, sur toute la longueur, une forte peinture à plusieurs couches, appliquée sur le fond et les parois. Ces constructions nécessaires, et pourtant omises, si on les soigne autant que celles que les Romains nous ont laissées, coûteront, au mois, trente francs le mètre courant. La rigole en projet a trente-sept mille sept cents mètres de longueur, ces revêtemens coûteront donc aux environs d'un million : première addition à faire à la dépense proposée de deux millions cinq cent mille francs ; premier mécompte pour la ville, et échec un peu rude à ses finances.

Quelques personnes penseront peut-être, que les soins apportés par les Romains à la construction de l'aqueduc du Gard étaient des soins exceptionnels et, pour ainsi dire, de luxe ; ce serait une erreur complète. Ils n'ont pas agi plus somptueusement bien qu'il fût question d'une ville importante, d'une colonie qu'ils affectionnaient d'une façon toute particulière ; loin d'avoir fait plus que le nécessaire, ils ont fait là comme partout ailleurs et rien de plus. Je puis heureusement le prouver par un exemple qui s'offre à mo sans sortir des limites de notre département, de sorte que chacun pourra, s'il le désire, s'assurer par lui-même de l'exactitude des faits.

Les ruines d'une ancienne ville romaine existent entre Durfort et Sauve ; on l'appelle *Mus* par tradition; je crois y reconnaître l'ancienne *Vindomagus*, et je publierai bientôt sur ce point un mémoire développé.

Sous les Romains, cette ville secondaire parmi les *Arécomiques* manquait d'eau comme Nismes ; ils voulurent lui en procurer et ne reculèrent pas devant les difficultés et la dépense d'un canal de deux lieues de développement, creusé au milieu des rochers. Ce n'est pas ici le moment d'en donner une description détaillée, je me bornerai à dire, pour ce qui se rapporte à mon sujet, que ce canal, devant alimenter une ville moins importante que Nismes, fut construit sur des dimensions beaucoup plus restreintes; mais que, cependant, les mêmes précautions furent prises pour la conservation des eaux.

Sur une échelle différente, l'aqueduc de Mus est l'exacte reproduction de celui d'Uzès à Nismes. J'ai des fragmens nombreux de l'un et de l'autre, et je défie l'observateur le plus habile de les distinguer. Plusieurs raisons me portent à croire que, bâtis à la même époque, ils ont eu à peu-près la même durée. Eh bien, pour ce petit aqueduc, les Romains n'avaient pas dédaigné ni cru inutile, sur toute la longueur, d'asseoir le fondement sur un solide bêton, de faire un parapet de chaque côté avec du bon mortier et des moellons smillés, puis de revêtir le fond et les parois de ciment de briques concassées, enfin, de passer sur le tout une bonne couleur au brun-rouge.

Ces précautions sont prises partout, soit que le canal ait été ouvert dans la terre meuble, soit qu'il l'ait été dans le rocher; et c'est une preuve pour moi que les Romains les regardaient comme nécessaires.

Dans le projet que nous combattons on a cru inutile de voûter la rigole de dérivation; les Romains, dans ces constructions qui leur étaient si familières, pensaient tout différemment.

On veut pourtant, « que les eaux amenées à Nis-
» mes servent non-seulement à alimenter des lavoirs,
» mais encore à augmenter le nombre des fontaines

» publiques dans toute la ville, à en donner surtout » aux quartiers élevés que l'eau de notre source ne » peut atteindre. »

Mais si l'on ne voûte pas l'aqueduc en projet, comment aura-t-on des eaux fraîches, des eaux limpides, des eaux saines? Au milieu des rochers et des *garrigues*, le soleil brûlant de l'été en évaporera la moitié et rendra le reste tiède. Les villageois, les métayers du voisinage puiseront continuellement dans la rigole: on y jettera toute sorte de choses; les éboulemens tendront sans cesse à l'obstruer; les herbes qui y croîtront faciliteront les dépôts et rendront l'eau mal saine.

Dans une autre saison, en hiver, les pluies amèneront constamment des troubles et des immondices dans le canal; la gelée détruira facilement les bords et les talus qui seront tantôt à sec et tantôt mouillés; la glace empêchera même l'eau d'arriver jusqu'à la ville. Ces inconvéniens ne peuvent être évités, à ciel ouvert, que dans un canal de beaucoup plus grande section, et contenant un volume d'eau beaucoup plus considérable que le nôtre. Ainsi, nous n'aurons de produits constans, salubres, assurés, ni l'hiver ni l'été, et nous ne serons guère mieux partagés dans les saisons intermédiaires.

Le printemps et l'automne sont, dans nos climats, l'époque des pluies violentes; alors, les torrens et les rivières débordent subitement, le Gardon surtout, et, ravageant les terrains qui se trouvent sur leurs bords, ne roulent, pendant plusieurs jours, que des eaux limoneuses et fétides.

Les Romains avaient fait toutes ces observations, deut-être même avaient-ils été éclairés par de fâcheuses expériences, lorsqu'ils se décidèrent à maçonner tous leurs aqueducs, à les voûter, et à les ensevelir autant que possible. Le petit aqueduc de *Mus* n'est pas voûté comme celui d'Uzès à Nismes; cette manière de le couvrir aurait eu de grands inconvéniens; son peu de capacité ne permettant pas de le parcourir à l'intérieur à l'effet de le nettoyer et de l'entretenir. Toutefois, on se garda bien de le laisser à ciel ouvert, et on eut grand soin de le recouvrir, dans toute sa longueur, avec des dalles, comme on l'a fait plus tard pour celui du *Peyrou*, à Montpellier. Mais, quel que soit le système d'abri qu'on choisisse, il n'en faut pas moins un, pour éviter des eaux salies par les pluies, gâtées par la végétation et les dépôts, chaudes en été, arrêtées par les glaces en hiver, pour éviter l'évaporation dans l'atmosphère, l'imbibition dans le sol, pour éviter surtout la destruction rapide des ouvrages. Sans les invasions des Barbares et leurs dévastations, Nismes et *Mus* jouiraient encore du produit bienfaisant des aqueducs romains.

Et qu'on ne croie pas que quand le peuple-roi prenait, pour l'aqueduc de Nismes, tant de soins conservateurs, il n'avait en vue que de remédier à la pénurie des eaux amenées, qu'il ne pensait qu'à ménager des ressources insuffisantes; nullement. Les Romains avaient à leur disposition beaucoup plus d'eau que nous n'en avons nous-mêmes. La section et la pente de l'aqueduc du Gard, combinées avec la hauteur de ses dépôts intérieurs, prouvent que cet aqueduc conduisait à Nismes de quatre à six mille pouces d'eau; tandis qu'en prenant toute celle que le Gardon pourra fournir à Boucoiran, nous n'aurons pas, à l'étiage, la moitié de cette quantité.

Toutes ces considérations me font penser qu'il sera de nécessité absolue de voûter la rigole en projet, si on l'exécute de Boucoiran jusqu'à Nismes.

Nous avons déja vu que, d'après son auteur, le projet que nous combattons s'élevait à deux millions cinq cent mille francs de dépense; nous avons prouvé qu'il fallait à ce chiffre ajouter un million pour les frais d'une cuvette continue en maçonnerie sur toute sa longueur, c'est-à-dire, pour le radier, et les murs latéraux construits avec les soins et les précautions convenables à l'imitation des Romains.

La voûte dont nous nous occupons aujourd'hui, et qu'il sera nécessaire de construire aussi, à l'exemple des Romains, sur toute la rigole, coûtera, au moins, à elle seule, de quatre à cinq cent mille francs. Nous voilà déjà à quatre millions de dépense, et nous n'avons pas tenu compte encore de beaucoup d'autres choses essentielles et omises, qui se présenteront successivement à notre attention et à notre plume.

Ainsi, les devis ne mentionnent que les frais à faire pour amener les eaux de Boucoiran au chemin d'Uzès, aux portes de la ville; mais, une fois qu'elles seront là, il faudra bien les distribuer dans les divers quartiers, il faudra bien construire des lavoirs et des fontaines. De plus, comme l'eau prise au Gardon sera souvent trouble, et comme cette rivière charrie presque toujours un sable très-fin en suspension dans ses eaux, avant que de les livrer aux usages industriels et domestiques, il sera nécessaire de les faire reposer dans de vastes réservoirs pour qu'elles s'y purifient. Les Romains avaient senti ce besoin, et, bien que les eaux des fontaines d'Eure et d'Airan fussent moins chargées que celles du Gardon, ils avaient établi des bassins de repos au débouché de leur aqueduc à la Fontaine, au lieu dit *Creux de Coumert*, et au-dessous.

La construction de ces bassins, qu'on devra faire nécessairement fort vastes, attendu la grande quantité d'eau qu'on a la prétention d'amener, la construction des tuyaux de distribution de cette eau dans toute la ville, celle des fontaines et des làvoirs nouveaux qui devront y répondre, coûteront bien quelques centaines de mille francs à joindre aux quatre millions auxquels nos estimations sont déjà arrivées.

Et, qu'on le remarque bien, nous avons pris pour point de départ, et accepté provisoirement comme exacts, des devis que nous nous réservons d'examiner plus tard en détail, et dont, au premier coup-d'œil, les estimations nous semblent beaucoup trop faibles. Nos additions ne viennent jusqu'ici que d'articles qui ne sont pas mentionnés, que nous croyons indispensables, et que les Romains, en pareille occurrence, ont toujours exécutés. Nous n'avons pas parlé non plus de ces obstacles fortuits que les devis ne mentionnent pas, parce qu'on ne peut pas les caractériser ni les estimer d'avance, mais qui pourtant se rencontrent toujours en réalité; qui sont, pour ainsi dire, *d'ordre naturel* dans les entreprises grandes et difficiles. Si l'ingénieur n'est pas tenu de les faire entrer dans son devis, la ville fera très-sagement pourtant d'en tenir compte, et d'avoir dans ses prévisions une bonne somme en réserve pour y parer.

Me défiant de mes propres lumières pour évaluer, même approximativement, les dépenses d'un projet où il ne s'agit de rien moins, comme le dit Delon, *que de percer des montagnes entières*, j'ai dû me renseigner, autant que je l'ai pu, auprès de personnes plus compétentes. Toutes m'ont dit que l'exécution coûterait beaucoup plus qu'on ne l'annonçait; que rien n'était moins sûr que de fixer, *à priori*, le chiffre de percés de huit mille mètres, et qu'il ne serait pas extraordinaire qu'on se trouvât dans des circonstances tellement défavorables que la dépense des travaux en deviendrait exorbitante.

Avant que de s'engager dans une pareille voie, la ville doit donc réfléchir et demander des explorations nouvelles. Elle doit se refuser à faire les travaux par adjudication ou en régie, et attendre, *si elle persiste dans le projet de prendre les eaux à Boucoiran*, qu'une compagnie solvable se présente pour les exécuter à forfait, à ses risques et périls.

Au moment où nous nous trouvons, il est d'autant plus convenable de suspendre toute détermination, que deux exemples bien propres à nous renseigner, toutefois seulement par analogie, à éclairer la plu-

part des points encore obscurs, vont se présenter à notre observation. Pour le chemin de fer de Nismes à Marseille on doit exécuter un percé, qui, à la vérité, n'aura que quatre ou cinq mille mètres de longueur, mais qui nous fournira, sans doute, d'utiles renseignemens. De plus, nous le savons déjà, la ville de Marseille n'a pas craint, pour se donner des eaux, de se jeter dans une entreprise colossale, en ponts, en tranchées, en percés. Suspendons notre décision pendant quelques années encore, à l'effet de profiter des encouragemens ou des leçons que nous donneront les entreprises aventureuses d'autrui; avant que de nous mettre à l'œuvre sur un objet de cette importance, attendons de savoir ce qu'il en coûte chez nos voisins. Ainsi, sans compromettre notre avenir, sans bourse délier, nous comprendrons beaucoup mieux, dans quelques années, ce qu'on doit s'attendre à dépenser réellement pour l'exécution de travaux analogues à ceux qu'on nous propose, car nous saurons ce qu'auront coûté à l'Etat les percés du chemin de fer, bien moindres toutefois que les nôtres, et à la ville de Marseille, sa dérivation des eaux de la Durance, ses canaux, ses aqueducs et ses ponts, si tant est cependant qu'elle puisse jamais achever le tout.

Quand une sage lenteur à prendre une décision n'aurait pour nous que ces seuls avantages, ils seraient sans doute assez grands pour nous justifier; mais il y en a d'autres encore, et nous pouvons dire avec assurance, *temps différé n'est pas perdu*. En effet, la question des eaux se répand, se discute, se vulgarise; plus elle sera étudiée et plus elle s'éclaircira. Au temps de Delon, de 1787 à 1800, cette question fut pendant quelques années à l'ordre du jour, graces à son zèle, et on approcha de sa solution. Malheureusement elle tomba dans l'oubli jusqu'en 1820, où M. Valz en fit l'objet de ses investigations consciencieuses et éclairées. De grands événemens politiques portèrent bientòt, comme c'était naturel, l'attention du public d'un autre côté. Delon était presque oublié, les travaux de M. Valz étaient loin d'être estimés à leur valeur réelle: il fallait donc reprendre une question trop peu suivie, il fallait étudier les œuvres de nos devanciers, et, leur rendant justice, il fallait chercher et trouver, s'il était possible, une solution plus économique, plus complète et meilleure; c'est à quoi tendent mes efforts persévérans.

Si je ne me trompe, la question est mieux connue aujourd'hui qu'elle ne l'était il y a un an ou deux; c'est déjà un bien, et j'espère que quand on l'aura examinée sous toutes ses faces, la décision qui interviendra sera la plus rationnelle et la plus utile à la fois.

Sachons donc attendre si c'est pour nous éclairer. Un fruit hâtif manque toujours de saveur, il n'y a d'excellent que celui qui, favorisé d'ailleurs de toutes les influences propices, mûrit quand le moment convenable est venu, car rien ne saurait remplacer l'action si nécessaire du temps.

Si, comme le croient beaucoup de personnes au courant de la question, Nismes est obligé de dépenser six millions pour jouir des eaux du Gardon, prises à Boucoiran, dans quel état déplorable ses finances ne se trouveront-elles pas à la fin de l'entreprise? Ne sera-ce pas pour la ville une charge trop lourde qu'une dette de six millions en capital, à perpétuité, grevant le budget tous les ans de trois cent mille francs pour le service des intérêts.

J'ai déjà montré qu'en acceptant les devis tels qu'ils sont présentés, mais en ajoutant à la rigole en projet trois choses nécessaires et omises, des parois, un radier et une voûte en maçonnerie ; j'ai montré qu'en construisant des bassins de repos et de clarification pour les eaux, des conduites dans la ville pour les distribuer, des fontaines et des lavoirs pour qu'on pût s'en servir, la dépense de tous ces ouvrages irait à quatre millions et demi.

Il existe, sans doute encore, dans les projets, beaucoup d'autres omissions : on l'éprouve, du moins, quand on exécute tous les devis qui s'appliquent à de grandes entreprises.

Ainsi, par exemple, a-t-on bien tenu compte de l'indemnité considérable à donner à M. de Calvière, pour la destruction de ses moulins et pour la cession de ses eaux? a-t-on tenu compte de l'indemnité à laquelle ont droit tous les propriétaires de Boucoiran qui se servent actuellement des eaux du canal Calvière pour arroser leurs fonds? Cette difficulté s'aplanira, sans doute, avec de l'argent, mais il s'en présentera immédiatement d'autres qu'il faudra faire disparaître avec le même moyen. Je me contenterai d'en citer une seule qui me paraît importante : Si l'on prend, à l'étiage, toute l'eau du Gardon, et il n'en peut être autrement puisqu'on en veut six mille pouces, il faudra donner un dédommagement convenable aux communes qu'on privera d'une ressource qui leur appartient de droit naturel, et qui leur est indispensable.

Le jury d'examen du projet de M. Perrier, en 1839, ne manqua pas de l'observer et de dire : « Il » faudra, dans l'intérieur même des villages, des fon- » taines, lavoirs et abreuvoirs alimentés par de l'eau » abondante, toujours vive et fraiche, en remplace- » ment des *gourds* du Gardon.....

» Bien entendu que ces construction et leur entre- » tien seront en entier à la charge de la ville de Nis- » mes. »

Mais bientôt une réflexion toute naturelle se présenta à l'esprit du jury. Les communes de Moussac et de St-Chaptes ne sont pas situées sur la rive droite du Gardon ; elles sont, au contraire, sur sa rive gauche; on ne peut donc, sur le parcours de la rigole à pente, leur faire des lavoirs, des abreuvoirs, des fontaines, et pourtant leur droit est le même que celui des autres villages. Si l'on prend toute l'eau du Gardon, ces communes ne peuvent subsister. Le cas était embarrasant; voici comment le jury d'examen essaya de le résoudre : « Il restera, dit-il, à examiner s'il ne » serait pas possible de desservir les communes de

» Moussac et de St-Chaptes avec des sources situées » sur la même rive, *pour éviter la construction d'une » conduite prenant l'eau dans la rigole même, et tra- » versant la rivière.* » (Rapport du jury d'examen sur le projet Perrier, 1839, page 20.)

Ce serait, en effet, une singulière chose que de prendre toute l'eau du Gardon par le canal Calvière, et de l'emmener par une rigole dans les terres sur sa rive droite, sans s'inquiéter si cette eau est nécessaire aux villages riverains. Je conçois bien que si les villages de la rive droite éprouvent un besoin d'eau indispensable après qu'on aura mis la rivière à sec, il sera possible de prendre de l'eau à la rigole et de la leur conduire à grands frais; jusqu'ici, ce ne sera pour Nismes que plaie d'argent, dont je dois pourtant tenir compte en passant.

Mais, évidemment, les villages de la rive gauche ne pourront pas puiser à la rigole en projet. Pour sortir de cet embarras, on serait bien heureux de rencontrer *quelques sources situées sur la même rive*; mais, comme on n'en trouvera pas, on sera forcé d'en venir à la construction *d'une conduite prenant l'eau dans la rigole même, et traversant la rivière.* Cette conduite, qui marcherait à reculons, est un expédient de détresse que le jury aurait bien voulu éviter; mais comment faire?

Eh! bon Dieu, diront les habitans de Moussac et de St-Chaptes, auxquels devront se joindre ceux de Cruviers et de Brignon et de tant d'autres lieux habités dont on ne parle pas, épargnez les frais de cette conduite à rebours qui aurait pour but de nous donner les eaux de la rivière que vous commencez, à tort, par nous prendre ; laissez donc couler dans le lit naturel l'eau dont vous voulez nous faire l'aumône ; vous économiserez beaucoup d'argent, et puis, pensez un peu aux habitans de Russan, de Vic, de St-Nicolas, qui ont besoin du Gardon, comme nous, et jusqu'auxquels vous ne pensez pas à conduire votre rigole de secours.

Sur ce simple exposé, incidemment amené sous ma plume à l'occasion de la question d'argent, tout lecteur intelligent aura facilement aperçu dans quels embarras, dans quelles contradictions on se jette lorsqu'on veut demander à une rivière beaucoup plus d'eau qu'elle n'en peut donner. Pour tous les projets dont le point de départ est Boucoiran, le manque d'eau et l'énormité des dépenses formeront toujours les objections capitales. Ce n'est pas du volume d'eau que je m'occupe spécialement aujourd'hui ; si j'ai déduit les considérations qui précèdent, c'est pour en tirer cette conclusion que personne ne voudra me contester : — Qu'aux quatre millions cinq cent mille francs de dépense obligée que nous avions déjà trouvés, il faut joindre — les indemnités qui seront dues aux habitans de Boucoiran qui arrosent leurs fonds avec les eaux du canal Calvière ; — les frais des abreuvoirs, lavoirs, fontaines et conduites d'eau des divers villages de la rive droite, et, nécessairement, les frais, non d'un aqueduc rétrograde qui traverserait le Gardon, ce qui serait, au moins, très-singulier, mais d'une rigole à pente, commençant sur la rive gauche, au même point que celle de la rive droite, c'est-à-dire, à la prise d'eau du canal Calvière, et desservant les villages de la rive gauche, comme l'autre desservirait Nismes et les villages qui sont sur ce bord-ci de la rivière. Car, évidemment, Brignon, Cruviers, Moussac, St-Chaptes, Russan, Vic, St-Nicolas et les habitations disséminées autour ne trouveront pas dans leur territoire des sources pour suppléer au Gardon, et ne peuvent pas se passer d'eau.

Pour tous les objets que nous venons d'énumérer, cinq cent mille francs seraient, sans contredit, une somme bien insuffisante, et pourtant, en n'accordant pas davantage, notre chiffre général s'élèverait déjà à cinq millions. Nous acceptons dans ce moment les devis tels qu'ils ont été faits; nous ne parlons que des omissions. Ceux qu'on dépossède doivent être indemnisés, c'est incontestable; si l'on enlève aux communes la jouissance de l'eau du Gardon, contre tous leurs droits naturels, il faut qu'on leur en donne sous une autre forme; il faut que les facilités, que la proximité compensent le volume, ou bien elles ont droit à un dédommagement pécuniaire. La ville de Nismes doit être prévenue, pour préparer ses ressources, se résigner au sacrifice ou abandonner le projet.

Nismes doit s'attendre aussi à ce que quelque difficulté, quelque obstacle imprévu se rencontreront dans l'exécution générale; il en est ainsi dans tous les travaux de ce genre, et, dès-lors, il n'y a rien d'exagéré, de déraisonnable à porter les prévisions de dépense à six millions.

Mais, quand il n'en faudrait dépenser que quatre, supposition que je veux bien admettre un moment pour faire reste de raison à toutes les opinions, dans cette hypothèse encore, à laquelle je suis bien éloigné de croire, la ville serait extrêmement embarrassée pour le paiement, comme je le prouverai bientôt.

Je sais qu'on parle d'amortir le capital à dépenser, dans une période plus ou moins longue; mais je sais aussi qu'on n'amortit une dette qu'en payant tous les ans un peu plus que son intérêt, et il me semble que quand Nismes, avec ses revenus et ses dépenses ordinaires, sera dans l'obligation de prendre tous les ans sur son budget, trois cent mille francs dans la première hypothèse, ou deux cent mille francs, si l'on veut, dans la seconde, pour le service seul des intérêts, il sera assez embarrassant de trouver une somme raisonnable pour l'amortissement du capital. Ces deux prélèvemens réunis, même dans la supposition la plus favorable, seraient une charge trop lourde pour la caisse municipale, n'en doutons pas.

Cette entreprise serait donc un parti funeste pour l'avenir de la cité, et l'administration doit hésiter bien longtemps encore avant que de se mettre à l'œuvre, si même il n'est pas plus sage d'y renoncer tout-à-fait.

Mais, les choses sont-elles donc dans une position si fâcheuse qu'il faille se passer d'eau tout-à-fait ou se ruiner pour en avoir? — N'y a-t-il aucun moyen de sortir de cette triste alternative, et ne peut-on rien imaginer d'aussi avantageux, mais de plus praticable en même temps, que ce qu'on nous propose? — C'est là ce qu'il convient d'examiner sérieusement aujourd'hui.

Ici, je reconnais, en mon particulier, l'avantage de la méthode historique pour voir une question sous toutes ses faces, pour arriver à la connaître à fond, pour trouver la solution la plus complète et la plus avantageuse.

Dans un problème de cette mature, il est rare que quelqu'un rencontre de prime abord le moyen le meilleur. Si plusieurs personnes s'occupent de la recherche, il est probable que chacune fera des découvertes proportionnées à sa persévérance et aux lumières de son esprit.

Quand une question est neuve, on cherche exclusivement en elle-même, dans ses élémens, les moyens de la résoudre; mais quand elle est depuis longtemps à l'ordre du jour, quand plusieurs hommes capables s'en sont occupés et ont chacun fourni ses idées et sa portion de lumières, alors on doit penser que la vérité s'est fait jour, qu'elle s'est déjà manifestée.

Toutefois, il n'est pas probable qu'un seul esprit l'ait reçue toute entière, par une seule révélation; on doit croire plutôt que plusieurs de ceux qui l'ont cherchée l'ont aperçue partiellement, pour ainsi dire, par fractions détachées. Incomplètes, insuffisantes chez chaque observateur pris à part, les découvertes seront suffisantes, entières, applicables, si l'on réunit toutes les opinions pour éliminer les choses inutiles, et combiner avec habileté les choses avantageuses. A une certaine époque tout a été dit sur une question bornée; l'ensemble des opinions forme une masse confuse de vérités et d'erreurs; il ne s'agit plus que de choisir.

C'est alors qu'une revue historique est nécessaire, et que l'éclectisme vaut peut-être mieux que l'invention. J'ai cru que ce moment était venu pour la question des eaux de Nismes.

Il m'a semblé qu'il convenait d'étudier tout ce qui avait été dit avant moi, d'adopter ce qui pouvait se trouver de vrai dans chaque opinion, de répudier ce qu'il y avait d'impraticable, et de voir si du choix de toutes ces données, venues de sources différentes, il ne pourrait pas sortir un système exécutable avec nos ressources, et propre à satisfaire aux besoins de la cité. Je crois que cette méthode est la bonne, et j'espère qu'elle m'aura complètement réussi.

Au milieu de beaucoup d'erreurs, tout ce qui était raisonnable a été découvert, tout ce qui était exécutable a été proposé. Il ne s'agissait plus, et j'ai dû m'en apercevoir bientôt, que d'étudier les idées émises, de comparer les projets et les lieux, de choisir avec sagacité et de combiner ce qui était bon, dans les limites de nos ressources pécuniaires et du besoin d'eau que nous éprouvons ; c'est ce que je me suis efforcé d'accomplir.

Je ne puis fournir aujourd'hui tous les détails et les preuves ; je ne puis citer toutes mes autorités ; je me contenterai d'un exposé rapide qui suffira, je l'espère, pour faire comprendre mes idées. Leur développement complet sera le sujet de cette seconde partie de mon travail, dont ces quelques pages ne sont en quelque sorte que l'introduction.

Comme, selon moi, la question financière domine tout le problème, et que je crois bien plus facile d'avoir beaucoup d'eau que beaucoup d'argent, j'ai dû fixer d'abord les limites pécuniaires qu'il ne convenait pas de franchir, et je me suis demandé :

Si, pour se procurer la quantité d'eau qui lui est nécessaire, la ville de Nismes pouvait sacrifier, pendant un certain nombre d'années, cent mille francs tous les ans?

A cette question je réponds affirmativement et je ne pense pas que personne puisse raisonnablement me contredire. Si l'on me concède ce point, voici ce que je propose de faire avec cette simple et unique allocation de *cent mille francs par an, et sans grever la ville d'aucune dette en capital*, ce qui me semble un immense avantage sur le projet dont s'occupe l'administration.

Pour donner plus de force à mes idées, je citerai à l'appui quelques autorités qui me paraissent d'une grande valeur.

I.

Je propose, en premier lieu, la restauration de l'aqueduc romain depuis Nismes jusqu'à Lognac.

Au bout de cinq ans la ville aura dépensé cinq cent mille francs, mais elle obtiendra cinquante pouces d'eau, au moins, en profitant de celle qui est déjà dans l'aqueduc, des sources qu'on peut y amener, et en utilisant l'aqueduc lui-même comme réservoir.

Ces idées furent d'abord indiquées par Delon, mais d'une manière fort inexacte et fort vague ; M. Valz les a utilement développées dans le mémoire que j'ai fait connaître au public ; mes observations et celles des personnes qui ont exploré les lieux avec moi, au mois de septembre dernier, en confirment, à mes yeux, la justesse. Je donnerai, plus tard, l'état exact, à l'étiage, des sources qui se trouvent au voisinage de l'aqueduc, et dont je n'avais d'abord parlé que sur le témoignage de Delon. Je rectifierai ses erreurs, je donnerai mon opinion sans exagération et sans charlatanisme, car quand j'avance un fait sur la foi d'autrui, je me réserve, plus tard, de l'observer moi-même, et de rectifier toute observation inexacte qui aurait d'abord pu m'égarer. Sur le point donc qui nous occupe, je fournirai bientôt les détails nécessaires pour prouver, à ceux qui n'ont pas vu les choses et les lieux, la facilité et les avantages de la réalisation de ce projet.

II.

Quand on possèdera ces cinquante pouces d'eau, on en désirera certainement davantage; il sera facile de satisfaire à ce vœu, et, pour cela, la dépense déjà effectuée pour la restauration de l'aqueduc romain jusqu'à Lognac sera un point important de réalisé. La ville aura encore cent mille francs par an à fournir pendant cinq fois. Avec partie de cette somme, on achètera l'ancien étang de Lognac pour le rétablir, et, pour cela, il n'y aura qu'à renoncer aux cultures, et à fermer par une vanne le percé souterrain qu'on fit jadis pour le mettre à sec. L'étang se remplira d'eau comme il l'était avant les œuvres du seigneur de Ledenon; comme il l'était lorsque les habitans de Sernhac allaient en bateau s'y livrer à la pêche, ce dont quelques uns se souviennent encore. Les eaux pluviales y afflueront toute l'année, et si l'on en ménage convenablement le débit, on aura une réserve précieuse et suffisante pour le temps des chaleurs. En effet, qu'on ne l'oublie pas : excepté, tout au plus, pendant deux ou trois mois de l'année, la Fontaine fournit à Nismes plus d'eau qu'il ne lui en faut.

L'aqueduc, déjà restauré jusqu'à Lognac, suivant l'article qui précède, sera une communication toute faite entre la ville et l'étang, vaste bassin qui fournira, au moins, cinq cents pouces d'eau de plus que les cinquante pouces dont nous avons déjà parlé. Pour cette seconde dépense c'est certainement trop que d'al louer cinq cent mille francs, mais nous laisserons subsister ce chiffre au cas où le premier chiffre pareil, appliqué à la restauration de l'aqueduc, risquât d'être un peu faible.

Ainsi, dix ans se seront écoulés depuis le commencement des travaux ; la ville aura dépensé un million, et elle recevra *cinq cent cinquante* pouces d'eau : on n'aura même attendu les premiers cinquante pouces que cinq ans.

Quelque rigoureux, du côté de la dépense que fût l'ancien programme du conseil municipal, il nous semble que, par les deux articles qui précèdent, nous y aurions pourtant répondu d'une manière satisfaisante, car, pour le million de dépense que ce programme accordait, nous aurions fourni à la ville de Nismes toute la quantité d'eau qui lui est réellement nécessaire.

MM. Barnier de Valcaude, Blachier, Delille, ingénieurs, et plusieurs autres avaient déjà eu cette idée de se servir de l'étang de Lognac comme réservoir, soit pour l'usage de la ville, soit pour alimenter leurs canaux de navigation.

III.

En supposant que la ville ne fût pas satisfaite encore, on pourrait pousser la restauration de l'antique aqueduc jusqu'à Lafoux. Là, se trouve le Gardon, que la jonction des deux rivières d'Uzès, et les sources abondantes qui surgissent dans les gorges depuis Dions ont rendu riche en eau. Ce n'est plus le maigre courant de Boucoiran, seule ressource, pourtant des villages riverains; c'est une rivière où l'on peut largement puiser en tout temps et sans nuire à personne.

A Lafoux, trois machines à vapeur pourront élever, avec une dépense modérée, *quinze cents pouces d'eau*. Cette dépense sera d'autant plus faible, que ces machines ne devront fonctionner que trois mois de l'an. Pendant les autres neuf mois, la Fontaine, l'aqueduc romain, les sources et l'étang de Lognac fourniront à la ville plus d'eau qu'il ne lui en faudra.

MM. Ramus et Delon avaient déjà eu cette idée que celui-ci avait formulée avec son exagération ordinaire. Mais, en supposant que par ce défaut de mesure le crédit de cette opinion eût pu souffrir, je pourrais heureusement lui rendre toute la force qu'elle mérite, en invoquant l'autorité de deux hommes bien connus à Nismes, et parfaitement à la hauteur de la science. MM. Didion et Talabot ont fait récemment un travail complet sur ce point. Ils ont eu l'obligeance de m'en promettre la communication, et je m'empresserai de le publier dans cette seconde partie de mes recherches, à laquelle il donnera une valeur et un intérêt inespérés.

Ces ingénieurs habiles ont évalué la dépense à quinze cent mille francs; mais, comme d'après l'ensemble de nos projets, l'aqueduc se trouverait déjà restauré jusqu'à Lognac, pour des travaux entrepris dans un but distinct de celui-ci, un million de dépense suffirait pour procurer les quinze cents pouces que ces messieurs ont offerts, et qu'on joindrait à la quantité obtenue par les moyens déja énumérés.

On aurait donc, en vingt ans, pour deux millions de dépense totale, *répartie également sur les vingt annuités*, une masse de deux mille cinquante pouces d'eau, dont on jouirait au fur et mesure des dépenses, par fractions, il est vrai, mais à des époques rapprochées. Cette manière de dépenser et d'obtenir serait dans un rapport naturel avec les ressources présentes de la cité, et avec l'accroissement qu'il est raisonnable d'espérer dans l'avenir.

IV.

Il me semble que ces résultats devraient suffire; cependant, si l'on en voulait davantage, on y parviendrait facilement en suivant les idées de Delon et de M. Bouchet. On pourrait acheter les moulins de Lafoux, et avec la chute d'eau qui s'y trouve on mettrait en mouvement des roues hydrauliques et des pompes qui élèveraient trois cents pouces d'eau. Comme l'aqueduc serait déjà tout restauré jusqu'à ce point, on ne serait grevé que de l'achat des moulins et de la construction des machines. Cinq cent mille francs seraient plus que suffisans.

M. l'abbé Paramelle m'a fait l'honneur de m'adresser, le 25 janvier dernier, une lettre sur le contenu de laquelle j'aurai à revenir plus tard. On me pardonnera d'en citer les passages suivans :

« L'un de vos plans devra forcément être adopté..

» Je pense, comme vous, que pour se procurer de

» l'eau en grande quantité, la ville de Nismes doit » restaurer l'ancien aqueduc romain jusqu'au Gar» don, où une machine, mue par l'eau de la rivière, » comme à Angoulême et à Toulouse, ou par la va» peur, comme à Béziers, élèverait l'eau dans des tu» bes en fonte qui ramperaient sur le flanc de la mon» tagne jusqu'à la hauteur de l'aqueduc; de là, l'eau » descendrait à Nismes. »

V.

M. Bouchet va plus loin; il veut, comme nous le dirons quand viendra le moment d'analyser son système en détail, il veut que la ville achète les moulins de Labaume et de St-Privat, et se serve des chutes pour élever une plus grande masse de l'eau de la rivière. Nous pensons qu'avec les deux mille trois cent cinquante pouces qu'on aurait déjà, ce surcroît serait assez inutile; mais, enfin, puisque le projet est praticable, nous ne devons pas en omettre l'indication, car il ne faudrait que quelques centaines de mille francs de plus pour le réaliser.

Le projet Bouchet doit convenir à ceux qui, n'étant pas familiarisés avec la force, la régularité et l'économie qu'on a maintenant apportées dans la construction et la marche de la machine à vapeur, ou qui en résultent, aiment mieux les roues à aubes ou les turbines mues par un courant que les fourneaux et les chaudières.

Dans les emplacemens que M. Bouchet désigne, on pourrait établir des machines pareilles à celle qu'on a heureusement exécutée à Toulouse, sous la direction de monsieur Daubuisson-Desvoisins. Tous les appareils sont en fer; la Garonne met en mouvement les roues et les pompes, et deux cents pouces d'eau sont élevés à cent pieds de hauteur. Cette quantité, quoique minime auprès de ce que nous voulons obtenir, a pourtant suffi à l'établissement d'un grand nombre de fontaines qui animent et embellissent singulièrement cette belle cité.

Quant à ceux qui connaissent tout le parti qu'on tire aujourd'hui de la vaporisation de l'eau, comme force motrice, ils peuvent cependant trouver utile et sage qu'on adopte les machines hydrauliques proposées par M. Bouchet, plutôt que d'augmenter le nombre des pompes à feu, pour arriver au même résultat. En effet, plus on mettra de variété dans les moyens qui fourniront de l'eau à Nismes, et plus on aura de garanties qu'elle ne manquera jamais. Dans cette heureuse position, si quelque chose périclite d'un côté, un des moyens collatéraux supplée; on n'a jamais de chômage complet. Tout ne peut manquer à la fois quand on reçoit de l'eau de source, de l'eau de pluie mises en réserve dans un aqueduc bâti par les Romains et dans un immense bassin naturel, de l'eau elevée par des pompes à feu, et de l'eau fournie par des machines que le courant de la rivière met en mouvement.

C'est un gage de sécurité que notre système possède seul, et quand il s'agit d'approvisionner une ville populeuse, d'un objet de première nécessité, la garantie de non interruption est un avantage immense. Ici s'applique l'adage vulgaire : *qu'il est bon d'avoir plusieurs cordes à son arc*, tandis que dans les systèmes opposés un seul accident ôte à la fois toute ressource. Ainsi, quand on amènera les eaux du Gardon par une rigole à pente, si le torrent, dans une de ces crues furieuses qui lui sont si familières, rompt, emporte ou détruit la chaussée de prise d'eau ; si la rivière se déplace, ce qui lui arrive fréquemment ; si le canal est rempli de graviers ou de limons ; si un éboulement considérable se fait dans les souterrains ou les tranchées, la ville sera tout-à-coup privée d'eau, et pendant bien longtemps quand les dégradations seront considérables. Souvent, la pauvreté se cache sous une apparente simplicité, tandisque ce n'est que par la variété des moyens qu'on peut assurer la constance et la richesse des produits.

Voilà tout notre système. Nous l'avons énoncé assez clairement, nous l'espérons, pour avoir réussi à nous faire comprendre ; l'exposition est suffisante si elle est claire ; petit à petit viendront les preuves et les détails. Il nous semble toujours que nous avons eu raison de dire, en commençant, *qu'avec cent mille francs par an, pendant une période assez courte* (et nous n'avons pas été au-delà de vingt-cinq annuités), *la ville de Nismes pourrait se procurer autant et plus d'eau qu'il ne lui en faudrait.*

Réduisons tout ce que nous venons d'énumérer, en un simple tableau que chacun embrassera d'un seul coup-d'œil :

Dans cinq ans, la ville obtiendra de l'aqueduc, comme réservoir, ou des sources qui se trouvent sur son parcours jusqu'à Lognac, cinquante pouces d'eau; ci.......................... pouces 50

Cinq ans après, c'est-à-dire, dans dix ans, elle aura, par le fait du rétablissement de l'étang de Lognac comme réservoir, cinq cents pouces; ci.............................. 500

Dix ans plus tard, c'est-à-dire, dans vingt ans, les pompes à feu de Lafoux produiront quinze cents pouces; ci.................... 1500

Enfin, cinq ans plus tard encore, c'est-à-dire, dans vingt-cinq ans, la chute d'eau des moulins de Lafoux, employée à mouvoir des pompes par des roues à aube ou des turbines, fournira, au moins, trois cent cinquante pouces d'eau; ci.......................... 350

Total, en vingt-cinq ans,.... pouces 2400

Ainsi donc, cette masse peut être obtenue pour deux millions cinq cent mille francs, *dépensés seulement par payemens annuels de cent mille francs chaque, et avec la faculté de s'arrêter dès que cela deviendrait nécessaire.* En effet, qu'on y fasse bien attention, car c'est chose capitale au point de vue de la question d'argent qui, elle-même, ici, domine tout le reste; nous ne conseillons point une entreprise unique et gigantesque, qui, une fois commencée, doive s'achever coûte que coûte, bon gré malgré, sous peine de n'avoir aucun produit; ce que nous conseillons, c'est une série de petites entreprises réellement indépendantes l'une de l'autre, mais cependant coordonnées et tendant à la même fin. Il en résulte qu'avec notre projet *seul*, la ville peut borner ses dépenses, si elle le désire, et les arrêter au point où sa position l'exigera. Si, comme la chose paraîtra évidente à tout le monde, Nismes peut, sans porter le trouble dans ses finances, dépenser cent mille francs tous les ans, pendant une certaine série d'années, Nismes pourra peu à peu accroître la masse de ses eaux dans un rapport constant avec ses sacrifices, et cette quantité d'eau augmentera tant que la ville persistera dans ses allocations.

En effet, si au-delà des vingt-cinq années de dépenses dont nous venons de faire connaître les produits, on continuait la même affectation de cent mille francs par année, l'aqueduc romain serait bientôt restauré de Lafoux au Pont-du-Gard, et rien n'empêcherait de franchir la rivière, de continuer petit à petit les restaurations, de chercher, de demander de l'eau partout. Dans cette entreprise successive et par parties indépendantes de tout ce qui est praticable, la ville n'aurait d'autres limites que son désir d'avoir de l'eau ou son besoin d'économie; en un mot, elle ne serait dominée que par sa propre volonté : car, sur la voie que nous traçons, point de travaux commencés qu'il faille terminer à tout prix, sous peine de perdre des sommes immenses engagées imprudemment. Si l'on veut, au contraire, prendre les eaux à Boucoiran, on n'en aura une goutte que quand tous les travaux seront achevés, c'est-à-dire, quand on aura dépensé quatre ou six millions, et, certainement, plutôt six que quatre. Si l'on ne peut effectuer que le quart, la moitié, les trois quarts de la dépense, ce sera un grand malheur, puisque les sommes employées le seront sans aucun résultat, et qu'on n'obtiendra rien tant qu'on n'aura pas fourni le dernier écu nécessaire à l'achèvement du projet. Les habitans de Nismes sont-ils assurés que leurs finances seront, pendant dix ans, dans un état assez prospère pour suffire à une dépense de six millions?

Quant à moi, ces considérations m'effrayent, et je trouve beaucoup plus sage de ne commencer que ce qu'on est assuré de finir, et d'adopter un plan qui, bien que grand dans son ensemble, peut pourtant, à l'exécution, se diviser en plusieurs parties peu coûteuses, productives et susceptibles de s'établir et de fonctionner parfaitement soit réunies, soit isolées.

Dans l'exposition de ce système prudent de petites entreprises indépendantes et coordonnées, nous sommes déjà arrivés, sans outrepasser notre allocation annuelle de cent mille francs, au-delà du Pont-du-Gard; les explorations que nous ferons l'été prochain nous apprendront si, en remontant la rive gauche du Gardon, à l'orient des collines qui le bordent, il ne serait pas plus facile de faire une dérivation pour Nismes, de ce côté, par une rigole à pente, qu'il ne l'est de l'établir sur la rive droite à partir du Boucoiran. C'est un point à examiner plus tard; mais, quoi qu'il en soit, on ne doit pas perdre de vue, que plus on avancera vers le nord pour établir des prises d'eau, des dérivations, des puisages considérables dans le Gardon, plus on excitera de justes réclamations, plus on froissera de communes dans un de leurs intérêts les plus précieux et les plus respectables. Si l'on prend, au contraire, l'eau au Pont-du Gard ou au-dessous, on n'éprouvera ni oppositions ni entraves, on ne nuira à personne, car, du Pont-du-Gard jusqu'à Comps et au Rhône, le moulin de Lafoux acheté, le Gardon n'est plus utile à rien.

Avec le projet de dériver les eaux à Boucoiran, on restera dix ans, au moins, sans en avoir une goutte, si tant est qu'on en ait jamais, et il faudra payer tous les ans six cent mille francs pour les travaux. Supposons que la ville puisse prendre cent mille francs par an sur ses revenus ordinaires, c'est-à-dire, une somme égale à celle que nous avons demandée pour nos propres projets, il n'en résultera pas moins que, pour celui que nous combattons, il faudra, pendant dix ans, s'endetter de cinq cent mille francs par an, ce qui fera cinq millions de capital en fin de compte, auxquels il faudra nécessairement ajouter les intérêts.

Supposons que, ces intérêts compris, la dette s'élève à six millions au bout de dix ans, lorsque tous les travaux seront achevés; voilà la ville qui, au lieu d'être libérée, affranchie de dettes, comme dans notre système, sera grevée à perpétuité d'une dette de six millions en capital, et, de plus, obligée de payer tous les ans, pour le service des intérêts, trois cent mille francs, c'est-à-dire la moitié de son revenu. Il nous semble qu'on doit éviter avec soin une position aussi désastreuse.

Nous défiant de la valeur de nos propres idées, et peu portés à nous en exagérer le mérite, on voit que nous avons cherché, dans des opinions étrangères, des confirmations positives et d'honorables points d'appui. Il nous semble que les noms de MM. Delon, Blachier, Barnier de Valcaude, Delille, Benjamin Valz, Didion et Talabot peuvent en contrebalancer bien d'autres, et donnent une autorité suffisante à chacune des parties dont se compose l'ensemble de notre projet. On ne nous refusera donc pas une confiance que tous ces hommes, sous l'égide desquels nous nous sommes placés, ont méritée par de longues études, des connaissances spéciales et des travaux sérieux.

Puisque le problème de donner à Nismes des eaux abondantes, sans outrepasser les ressources de la cité, n'est pas aussi insoluble qu'il l'a longtemps paru, ne convient-il pas que la ville s'arrête et se demande, si elle ne commettrait pas une faute énorme en persistant dans la voie où elle s'est engagée, en entreprenant des travaux sans point d'arrêt possible lorsqu'on viendrait à reconnaître l'énormité des dépenses et l'impossibilité d'y pourvoir ?

Toute difficulté pécuniaire à part, il me semble, comme je l'ai déjà plusieurs fois exprimé, que ce serait une chose glorieuse pour les habitans de Nismes que la restauration de l'aqueduc des Romains, un des travaux les plus surprenans de ce grand peuple, une de nos antiquités les plus précieuses. Il serait beau de le dérober aux ravages du temps et au vandalisme des propriétaires voisins qui s'acharnent incessamment sur ses débris ; il serait intéressant et patriotique de recevoir de nouveau des eaux abondantes par ces canaux superbes qui nous les fournirent trois cents ans, et sur lesquels la barbarie des hommes d'abord, plus tard leur incurie ou leur avidité se sont exercées dix-sept siècles sans pouvoir les détruire.

De pareils motifs ne doivent-ils pas ajouter quelque poids dans la balance de l'opinion publique à ceux déjà si importans, ce me semble, de prudence et d'économie?....

Nous avons eu pour but dans cette introduction de faire connaître et de discuter les inconvéniens généraux que présentent tous les projets dans lesquels on se propose de prendre pour Nismes, les eaux du Gardon à Boucoiran. Nos objections portent donc tout à la fois sur le projet de M. Delille, sur celui de M. Valz, sur celui de M. Perrier, dans ce qu'ils ont de commun, mais elles n'ont rien de spécial, d'exclusif pour aucun d'eux. Ce ne sera que quand nous donnerons sur chacun de ces trois projets des articles particuliers, que nous pourrons entrer dans les détails d'exécution de chacun ; mais le moment n'est pas encore arrivé : nous devions nous en tenir ici aux faits communs, aux faits généraux, et nous avons tâché de ne pas sortir de cette limite. Il ne nous reste plus, pour terminer cette exposition déjà bien longue, qu'à présenter sous forme de tableaux la comparaison que nous avons déjà ébauchée entre nos projets échelonnés, coordonnés et successifs, rattachés à la restauration de l'aqueduc romain, et tous les projets qui prennent l'eau à Boucoiran par une rigole à pente de dérivation.

Ces tableaux, qu'on peut saisir d'un seul coup d'œil, font bien mieux comprendre les résultats, et rendront palpable, je l'espère, la supériorité de nos idées sur celles que nous combattons, surtout, sous le point de vue de la dépense à faire ; point capital dans la question, point qui la domine, qui maîtrise et fixera toujours les déterminations que la ville devra prendre, si elle agit avec sagesse et avec une connaissance suffisante du problème.

Dans nos projets, vingt-cinq annuités à cent mille francs chacune font un total de deux millions et demi, ci.......................... fr. 2,500,000

Voilà la dépense absolue et unique de ce que nous proposons. On n'aura nul accessoire, aucun intérêt à ajouter, puisque la ville n'emprunte pas cette somme, et qu'elle doit être prise et dépensée sur les recettes ordinaires, tous les ans par vingt-cinquièmes.

Si nous en venons, au contraire, à tous les projets qui consistent à amener les eaux de Boucoiran, on se rappellera que, d'après notre opinion que beaucoup de personnes graves partagent, il est probable que les travaux coûteront six millions et dureront une dixaine d'années.

Dans cette hypothèse que je crois le plus près de la vérité, la ville aura à dépenser :

La première année, six cent mille francs ; distraisons-en, comme pour notre projet, cent mille francs pris sur les ressources ordinaires, il n'en faudra pas moins emprunter, ... fr. 500,000

Nouvel emprunt la seconde année, et agio sur celui de la première.	525,000
Troisième année, emprunt et intérêt. .	550,000
Quatrième année. . . . . id. . . . . . id. . . .	575,000
Cinquème année . . . . . id. . . . . . id. . . .	600,000
Sixième année . . . . id. . . . . . id. . . .	625,000
Septième année. . . . . . id. . . . . . id. . . .	650,000
Huitième année. . . . . . id. . . . . . ld. . . .	675,000
Neuvième année. . . . . . id. . . . . . id. . . .	700,000
Dixième année. . . . . . . id. . . . . . id. . . .	725,000
Soit, dépense effectuée à la fin de l'entreprise.	6,125,000

A partir de ce moment il faudra tous les ans payer l'intérêt de cette dette, c'est-à-dire, trois cent six mille deux cent cinquante francs.

Dans notre projet, les travaux ne seront pas finis en dix ans, ils devront durer quinze ans encore, mais ils n'absorberont tous les ans que cent mille francs. Pour les projets que nous combattons, au contraire, l'intérêt étant de 306,250 fr., il en résulte

A reporter 6,125,000

Report............. 6,125,000

par annuité un excédant de 206,250 fr., qui, multiplié par quinze annuités, produit la somme totale de............... 3,093,750

Dépense totale au bout de vingt-cinq ans, *en sus de la nôtre*............... 9,218,750

Si l'on adopte, pour procurer des eaux à Nismes, le projet de les prendre à Boucoiran, la ville aura donc, au bout de vingt-cinq ans, payé ou emprunté, en un mot, dépensé neuf millions deux cent dix-huit mille sept cent cinquante francs de plus que pour notre projet, dont nous avons distrait le montant année par année.

Il nous semble que la différence vaut la peine qu'on s'y arrête, surtout si l'on observe que dans ce calcul nous avons bien tenu compte de l'intérêt direct, mais nullement de l'intérêt composé qui grossirait beaucoup une somme déjà trop lourde.

Mais, dira-t-on, qui nous garantit qu'on dépensera six millions? A cela je ne pourrai répondre qu'en renvoyant aux estimations que j'ai deja faites de bonne foi et qui rendent infiniment probable l'emploi de cette somme. Mais, enfin, s'il était des esprits incrédules ou disposés a taxer mes calculs d'exagération, je pourrais encore, sans affaiblir ma thèse, leur faire les concessions les plus larges, et mes projets n'en auraient pas moins, au point de vue de la dépense, un avantage immense sur ceux que je combats.

Au lieu de six millions, veut-on que le projet par Boucoiran n'en coûte que cinq? veut-on même qu'il n'en coute que quatre, ce qui est impossible? Eh bien! nous allons faire ce dernier calcul.

Supposons qu'on dépense toujours six cent mille francs par an, les travaux ne se termineront que vers la fin de la septième année, et il faudra :

La première année, six cent mille francs, dont nous distraisons, comme nous l'avons déjà fait, les cent mille francs applicables par comparaison à notre projet. — Reste à emprunter. . . . . fr.	500,000
La seconde année, pour le même motif et agio	525,000
La troisième année . . . . id . . . . . id	550,000
La quatrième année. . . . id . . . . . id	575,000
La cinquième année . . . id . . . . . id	600,000
La sixième année. . . . . . id . . . . . id	625,000
La septième année, solde en capital . . .	300,000
Agios	140,000
Total . . . . . fr.	3,815,000

Agios de ces trois millions huit cent quinze mille francs d'emprunt pendant les dix-huit ans qui resteront à courir jusqu'au terme de vingt-cinq années que nous avons pris pour la confection de nos projets soit, par an, cent quatre-vingt-dix mille sept cent cinquante francs. Il faut en retrancher les cent mille francs par an que nous prélevons pour notre projet sur les ressources ordinaires : il restera quatre-vingt-dix mille sept cent cinquante francs qui, multipliés par dix- huit annuités , en négligeant l'intérêt composé, donneront encore une somme d'un million six cent trente-quatre mille deux cents francs. Si nous joignons cette somme à celle ci-dessus, la ville aura emprunté ou payé, de plus que dans notre projet, même dans une hypothèse qui est certes plus favorable que ne le sera la réalité, la somme énorme de cinq millions quatre cent quarante-neuf mille deux cents francs.

Pour ces projets que nous combattons, nous avons pris, sur les ressources ordinaires de la ville, cent mille francs par an, tout comme pour celui que nous proposons. Dès-lors, il est bien impossible que la ville se libère, en vingt-cinq ans, sur ses ressources ordinaires des sommes dues en capitaux ou intérêts au-delà des deux millions cinq cent mille francs de notre projet.

En dérivant les eaux à Boucoiran, nous venons de le voir, dans l'hypothèse la plus favorable, la ville serait grevée à perpétuité d'une dette énorme, c'est-à-dire de près de cinq millions et demi, dont il faudrait payer l'intérêt tous les ans.

Que serait-ce si la supposition d'une dépense de six millions était au fond la plus juste, comme je le crois? Nous avons vu que dans ce cas la dette de la ville, au bout de vingt-cinq ans, serait de plus de neuf millions. Je pense que chacun doit s'arrêter à la seule prévision d'un pareil déficit.

La différence énorme qui se trouve entre le résultat financier définitif des divers projets, vient de ce que, dans le nôtre, toute la dépense s'effectue petit à petit, par allocations annuelles assez minimes pour qu'on puisse les prendre intégralement sur les ressources ordinaires de la ville. On évite ainsi d'avoir des emprunts à faire, des intérêts à servir; en un mot, on évite de creuser le gouffre où, dans le système contraire, la prospérité de la ville viendrait à jamais s'engloutir.

On nous objectera peut-être, qu'en prenant les eaux à Boucoiran on pourrait imiter notre marche financière, ne demander à la ville que cent mille francs par an, et éviter ainsi toute dette, tout emprunt, tout service d'intérêts. C'est vrai, nous ne le disputons nullement; mais, que d'inconvéniens présenterait cette marche qui ne se trouvent pas dans nos projets! Ainsi, pour n'en mentionner que deux qui, nous le croyons, doivent suffire, il faudrait attendre soixante ans ou, tout au moins, quarante, en supposant qu'il n'y ait que quatre millions à dépenter, avant que d'avoir une goutte d'eau; il y aurait de quoi perdre patience, et la génération qui aurait voté le projet n'en jouirait pas. De plus, les travaux ne seraient productifs, n'amèneraient aucun résultat que quand ils seraient complètement terminés; si donc, par quelque événement imprévu (guerre, invasion, révolution, crise commerciale ou financière, abolition des octrois, ou telle autre cause qu'on pourra imaginer) l'ouvrage ne se terminait pas *tout-à-fait*, tout ce qu'on aurait exécuté serait inutile, on n'en retirerait aucun profit, aucun avantage. Qui voudrait, par le temps qui court, garantir la constance des opinions populaires, municipales, administratives même, dans une ville, pendant quarante ou soixante ans? Qui voudrait se porter fort au bout de ce temps pour la prospérité de ses finances, pour sa solvabilité? Personne, assurément.

Il faut donc, dans une entreprise de cette importance, ne pas renvoyer le terme aussi loin. Mais, si l'on rapproche les payemens il faut augmenter les crédits, et quand on n'a pas de revenus suffisans on s'endette. Je ne connais pas, avec les projets de Boucoiran, de moyen de sortir de ce dilemme : ruine ou patience; et si, d'un côté, la ruine est certaine, de l'autre, les produits futurs de la patience la plus persévérante le sont beaucoup moins.

Quant à nos projets, voici en peu de mots les avantages qui les distinguent et qui, selon nous, les rendent seuls acceptables.

On obtient d'abord de l'eau au bout de cinq ans, avec cinq cent mille francs d'avances seulement; puis, cette quantité d'eau s'augmente graduellement, à espaces rapprochés, en proportion du temps, des besoins et de la dépense;

On peut s'arrêter entre les diverses parties dont le projet total se compose, si des événemens imprévus, si l'état des finances de la ville l'exigent;

Rien n'oblige, comme aux autres projets, d'aller jusqu'au bout pour obtenir quelque chose, de faire bon gré mal gré la dépense entière si l'on ne veut pas que les fonds avancés soient complètement perdus;

Notre projet est le seul qui soit progressif, divisible et productif par portions isolées ;

C'est donc le seul qui réponde à toutes les conditions possibles de prospérité ou de gêne dans lesquelles la ville peut être appelée à se trouver ; et si nous devons prendre sur la question des eaux, comme sur toute autre, les leçons salutaires du passé, nul certes, sans témérité, ne saurait répondre de l'avenir.

Après avoir lu ce qui précède, quelques personnes n'ont pas manqué de nous faire observer que l'intérêt composé était aussi légitimement dû que l'intérêt direct, et, qu'en réalité, quand on empruntait on était toujours obligé de payer l'un et l'autre. Nous ne pouvons donc passer sous silence, sans erreur, cette partie de la dépense ; la ville, en empruntant y sera nécessairémeut soumise, et si nous voulons mettre sous ses yeux le tableau complet des sacrifices auxquels elle doit se résigner, nous ne pouvons nous dispenser d'en tenir compte.

Pour répondre à ces justes observations, nous avons fait le calcul des intérêts composés ; nous croyons inutile de donner nos chiffres en détail, en voici seulement le résultat :

Nous avons déjà montré que si le projet d'amener à Nismes les eaux prises à Boucoiran exigeait une dépense de six milions, comme nous en étions persuadé, au bout de vingt-cinq ans la ville aurait eu à payer, en ajoutant l'intérêt direct au capital ; une somme totale de 11,718,750 francs.

Elle se serait procuré cet argent :

1° En tirant de ses ressources ordinaires, comme dans nos projets.................. 2,500,000 fr.

2° En empruntant (ce que nos projets n'obligent point à faire)........ 9,218,750

3° Si à ces deux sommes, résultant de nos premiers calculs, nous ajoutons l'intérêt composé, il faudra emprunter encore.................... 231,427

Dans cette première hypothèse qui est, pour moi, la réalité, la dépense totale, prise sur le budget ou démandée à l'emprunt, s'élèvera donc, en vingt-cinq ans, à................ 11,950,000 fr.

On peut dire douze millions en nombre rond.

Trouve-t-on plus probable la seconde supposition, celle suivant laquelle la conduite des eaux ne coûterait que quatre millions? Voici pour ce cas particulier, auquel on me permettra de ne pas croire, le calcul de la dépense en fin de compte :

Nous l'avons déjà dit, au bout de vingt-cinq ans, en ne tenant compte que de l'intérêt direct, la ville aurait eu à pourvoir à.............. 7,949,200 fr.

Ce qu'elle aurait fait en prenant sur ses ressources ordinaires, comme pour nos projets... 2,500,000

Et en demandant à l'emprunt..... 5,449,200

D'après les calculs dont nous nous sommes occupé aujourd'hui, à ces

A reporter..... 7,949,200 fr.

Report...........	7,949,200 fr.
deux sommes il faudrait ajouter pour l'intérêt composé..................	65,707
Ce qui élèverait la dépense totale du projet à.........................	8,014,907 fr.

Ou huit millions en nombre rond.

C'est donc douze millions qu'il faudrait dépenser pour avoir de l'eau de Boucoiran, ou huit millions au moins, dans une hypothèse que nous ne pouvons admettre comme représentant la vérité, au lieu de deux millions cinq cent mille francs que coûterait l'ensemble de nos projets.

Le choix de la ville ne peut être douteux......

Nos études sur la question des eaux de Nismes sont maintenant assez avancées pour qu'en tenant compte de ce que nous avons déjà fait nous puissions estimer ce qui nous reste à faire. Un coup-d'œil sur le passé, et l'indication rapide de ce que nous comptons écrire encore vont montrer le cercle entier de nos investigations.

Dans notre première partie déjà publiée, — nous avons exposé les généralités de la question : — nous avons signalé le peu de ressources qu'offrirait le Gardon pris à Boucoiran, et nous avons dit combien il serait coûteux de dériver les eaux pour Nismes à partir de ce point.

Nous avons écarté les projets suivant lesquels on voudrait prendre les eaux au Rhône, à l'Ardèche, à la Cèze, au Vidourle, aux fontaines d'Eure et d'Airan, à cause des grandes dépenses qui en résulteraient ; nous avons, enfin, établi le peu de produit que donneraient les sources qui se trouvent au nord et au couchant de la ville, et fixé les idées sur ce qu'on peut attendre de celles de Vaquerolle, de la Barbin, de St-Pierre-de-Vaquière et du Mas Guiraud.

Voulant connaître à fond tout ce qu'on avait dit avant nous sur la question importante qui nous occupe, nous avons fait des recherches qui nous ont persuadé de plus en plus des avantages de l'étude historique des opinions et des faits. Pour rendre cette vérité palpable, nous nous sommes décidé à faire un exposé rapide des projets assez nombreux mis en avant à diverses époques pour nous donner de l'eau.

Nous avons donné l'analyse des huit premiers mémoires de Delon, point de départ nécessaire de quiconque voudra connaître la question des eaux de Nismes; après cela, nous avons mentionné les indications de M. l'abbé Paramelle sur les diverses sources qu'on peut trouver dans nos environs.

L'opinion judicieuse de M. Valz, sur les avantages qu'offrirait la restauration partielle de l'aqueduc du Gard, s'est bientôt offerte à notre plume. Delon et M. Valz sont les deux hommes qu'il faudra toujours consulter quand on s'occupera de la question des eaux.

Nous avons parlé des projets du canal de navigation de Nismes à Aiguesmortes, et spécialement de celui de M. Blachier ; enfin, nous avons examiné soit théoriquement, soit par la considération des puisages existans, les ressources en eau que notre sol même pouvait offrir aux environs de la ville, et nous avons indiqué, par un système qui nous est propre, quel serait le moyen d'en tirer parti de la manière la plus complète. Ce système serait le moins coûteux de tous, peut-être serait-il le moins productif, mais peut-être aussi pourrait-il amplement satisfaire à tous les besoins présens et futurs : une expérience bien peu coûteuse donnerait, à cet égard, les lumières désirables ; nous en parlerons plus tard.

Voilà à quoi nous avons consacré la première partie de notre travail.

Dans la seconde partie, qui est actuellement sous presse, nous avons parlé du peu de certitude qu'on avait encore sur la quantité d'eau que pourrait fournir le Gardon près de Boucoiran ; nous avons énoncé combien les dépenses de cette œuvre seraient supérieures à leur estimation, à cause de l'omission des précautions les plus essentielles que les Romains ne négligeaient jamais dans des constructions pareilles ; nous avons indiqué une partie des objets coûteux et nécessaires qu'il faudrait ajouter aux devis pour amener à bien une pareille entreprise.

De tous ces faits il est résulté que, pour prendre les eaux à Boucoiran, au lieu d'une dépense de deux millions et demi, Nismes devait se préparer à une dépense de six millions. Pensant qu'un pareil sacrifice était bien au-dessus des ressources de la ville, nous avons cherché s'il ne serait pas possible de trouver un autre projet aussi productif, moins gigantesque, plus économique, plus sûr et, partant, plus praticable. Nos observations, nos recherches historiques et nos réflexions nous ont fourni les moyens de satisfaire à toutes les conditions de ce problème ; nous avons sommairement exposé nos idées à cet égard.

La question nous paraît maintenant complètement résolue : avec cent mille francs tous les ans, et suivant qu'on augmentera plus ou moins le nombre des allocations, Nismes pourra se donner autant d'eau qu'il en voudra.

Arrivés à ce point, nous pourrions nous arrêter et laisser à des ingénieurs habiles, comme MM. Talabot et Didion, le soin de proposer les détails techniques d'exécution de la seule entreprise qu'il soit raisonnable de tenter : cependant, notre tâche ne nous paraît pas entièrement accomplie.

Il nous semble que, pour épuiser la question sous tous ses aspects, pour convaincre tous les esprits, dissiper tous les doutes, nous devons continuer notre revue historique, et faire connaître tous les faits, tous les systèmes qui se rapportent et se lient à une question aussi importante. En effet, tant que notre travail n'est pas complet, chacun de nos lecteurs n'est-il pas en droit de nous dire : Qui sait si avant vous on n'a pas imaginé, pour donner de l'eau à Nismes, quelque chose de bien préférable à ce que vous nous proposez? Pour répondre à cette objection naturelle nous reprendrons le cours de nos recherches, et, après quelque temps d'un repos qui nous est nécessaire à nous-mêmes, et qui aura aussi pour but de ne pas fatiguer les lecteurs de ce journal, en fixant constamment leur attention sur le même objet, nous publierons :

1° L'analyse de l'ouvrage de Frontin, sur les aqueducs romains. Dans cet auteur, qui fut surintendant des eaux de Rome sous l'empereur Nerva, nous avons trouvé bien des renseignemens remarquables, dont on aurait grand tort de ne pas profiter de nos jours et qu'il importe de répandre autour de nous ;

2° L'analyse du système de M. Fontanier avocat féodiste sur les eaux de Nismes;

3° L'analyse du projet de M. Angrave, que nous avons enfin retrouvé ;

4° celle des six derniers mémoires dé Delon, que nous ne connaissions pas encore quand nous écrivions la première partie de ce travail ;

5° Nous rectifierons les diverses erreurs que Delon a pu faire commettre soit à nous, soit à d'autres, et nous donnerons spécialement l'état exact des diverses sources qu'il indique, non plus d'après lui, mais d'après nos propres observations à leur étiage ;

6° Nous donnerons l'analyse du système de M. Bouchet, et nous ferons connaître quelques idées qui se perpétuent depuis longtemps, soit dans les livres, soit par la tradition ; qui n'ont aucun fondement, qui sont souvent complètement ridicules, et avec lesquelles il est bon d'en finir une fois pour toutes, afin que chaque historien de Nismes ne se croie pas périodiquement obilgé d'y revenir. Telles sont : celles de M. Clapier, sur le puits couchoux ; — celles sur l'emploi de *trois fontaines*, de M. Durand ; — celles d'un respectable ecclésiastique, sur les sources de St-Nicolas et le barrage du Gardon au Mas-de-Charlot ; — celles de M· Laurent de Beaucaire, qui prétendait avoir inventé une machine par laquelle l'eau prise au moulin Labaume monterait à Nismes *par son propre poids*, *etc.*, *etc.* — Nous indiquerons les observations de M. Bousquet sur les eaux souterraines voisines de la ville ;

7° Enfin, quand cette petite revue historique sera accomplie, nous ferons connaître notre opinion, celle de M. Valz et de quelques-uns de nos amis, sur l'emploi le plus utile à faire des fonds qui ont été votés par le conseil municipal, sur le budget de 1844, pour des travaux d'essai relatifs à la question des eaux.

Comme nous avons joint à notre première partie le plan de l'aqueduc romain, d'après Delon, depuis Nismes jusqu'au Pont-du-Gard, nous joindrons à la seconde le plan du même aqueduc publié par l'ingénieur Rondelet, dans son excellente traduction du commentaire de Frontin. Quoique sur une plus petite échelle, ce plan est plus exact que le premier, et surtout plus complet puisque l'aqueduc entier y est figuré depuis Nismes jusqu'à Uzès. Là s'arrêtera la seconde livraison de notre ouvrage, celle que nous publions actuellement.

La troisième, que nous commencerons seulement l'hiver prochain, à cause des observations sur le terrain, que nous devons faire cet automne, contiendra :

1° L'analyse du projet de canal de navigation d'Alais à Nismes et à Aiguesmortes, par MM. Delpuech et Durand, et de sa réfutation par M. Méric ;

2° L'analyse du projet de M. Talabot pour amener des eaux à Nismes en les prenant aux Gardon d'Alais et d'Anduze, tout près de ces deux villes ;

3° L'analyse du projet de M. Delille, pour conduire les eaux prises à Boucoiran, si toutefois nous pouvons en retrouver l'original dans les archives de la préfecture ou de l'Hôtel-de-Ville ;

4° L'analyse du projet de M. Valz, pour amener aussi les eaux de Boucoiran à Nismes ;

5° L'analyse de ce projet, modifié par M. Perrier ;

6° L'analyse des études de M. de Seynes sur la restauration de l'aqueduc du Gard ;

7° L'exposition du projet de MM. Didion et Talabot, pour nous donner les eaux du Gardon prises à Lafoux.

A cette livraison, importante par la discussion des travaux les plus récens, nous ajouterons la carte des tracés des rigoles à pente de MM. Delille, Valz, Perrier, Didion et Talabot, et, de plus, les plans du parcours de l'aqueduc romain, de ces deux derniers et de M. Valz, depuis le Pont-du-Gard jusqu'à Nismes. Nous le donnerions même jusqu'à Uzès, si, d'ici là, ces observateurs ou M. Bernard l'avaient relevé tout entier.

Notre quatrième et dernière livraison contiendra l'histoire de notre admirable *Fontaine*.

L'histoire de la *Fontaine* est, plus qu'on ne le pense, celle de toute la ville et de ses monumens.

Nous nous occuperons de l'état de la *Fontaine*, avant les Romains; des changemens opérés par ce peuple, des temples, des bains, des thermes, des canaux et aqueducs ; nous chercherons à quelle époque ces monumens furent élevés, et spécialement le Pont-du-Gard et l'aqueduc d'Uzès à Nismes ; nous tâcherons de découvrir quel changement l'augmentation des eaux introduisit dans leur régime, et l'emploi qu'on en fit pour les temples, pour les spectacles, pour les particuliers, pour l'arrosement des jardins et des campagnes : ici se placera l'étude de l'aqueduc de Nismes à Marguerites.

Après un temps aussi florissant viendra celui de la destruction de nos aqueducs et de nos autres monumens. Le dépérissement de la cité suivra celui des eaux; avec l'encombrement de la source viendront la dépopulation, l'insalubrité et la misère de notre ville, au moyen-âge.

A des époques plus heureuses et plus rapprochées de nous, on s'occupa de la restauration de la *Fontaine*; nous parlerons des premiers projets, des premiers essais, puis, des travaux de reconstruction des Guiraud, des Dardaillon, des Maréchal; des découvertes précieuses des Ménard et des Séguier, qui toutes ne sont pas mentionnées dans la volumineuse histoire du premier, et qu'il faut chercher dans des mémoires spéciaux et, notamment, dans le recueil de l'Académie des inscriptions et belles-lettres.

Après avoir rappellé l'histoire de cette ère prospère d'investigations, je serai tout naturellement amené à parler des beaux travaux exécutés de nos jours, et à mentionner les dessins de Clérisseau, les recherches utiles de MM. Durant et Granjent, de Seynes, Valz et Pellet.

Je parlerai aussi des idées de M. Jean Rey sur les moyens d'augmenter le produit en eau de la *Fontaine*; des recherches hydrographiques de M. le capitaine Bernard sur son bassin et les anfractuosités des rochers qui l'entourent; des travaux entrepris à côté, de leurs avantages probables et de leurs dangers possibles. Jindiquerai les fouilles qu'il serait convenable d'entreprendre autour du temple de Diane qu'il faudrait isoler complètement, tant dans l'intérêt de la connaissance de la distribution de nos anciennes eaux, que de celle de l'usage encore trop incertain du monument.

Beaucoup d'auteurs ont écrit sur les antiquités de Nismes; nous avons parlé de MM. Séguier, Clérisreau, Durant, Granjent, Valz, Pellet, de Seynes; nous pouvons citer encore Poldo d'Albenas, Deyron, Rulmann, Guiraud, Albert d'Ayguières, Grasserus, Maffei, Palladio, Graverol, Gautier, Valette, Ménard, Maucomble, Millin, Baragnon, Nisard, Barbaroux, Frossard, Perrot, Vincens et Baumes, Mérimée, Rivoire.

Eh bien! malgré tant de travaux estimables, qu'on

ne pense pas que le dernier mot ait été dit sur nos antiques monumens, et qu'il ne reste rien à faire à la génération présente. Mon opinion est toute contraire; l'histoire générale et l'archéologie sont en progrès constant, la plupart des travaux existans sur la localité sont bien loin d'être à la hauteur de la science, et l'on peut dire avec Bacon : *Instauratio facienda est ab imis fundamentis.....* Je ne craindrai pas d'aborder cette tâche laborieuse, à laquelle M. Pellet travaille seul d'une manière suivie.

Enfin, après avoir parcouru ce cycle intéressant, revenant à la question spéciale qui fut la cause et le but de mes recherches, je formulerai une conclusion générale et définitive.

J'espère qu'à cette époque, la belle carte complète et détaillée de nos environs, dont s'occupe M. le capitaine Bernard, sera terminée, et que je pourrai en enrichir la dernière livraison de mon ouvrage. Une bonne solution de la question des eaux sera impossible tant que nous n'aurons pas l'histoire complète des opinions de nos devanciers à laquelle je travaille incessamment, et, de plus, une bonne carte de la contrée, qui, jusqu'à M. Bernard, n'a jamais existé.

Nismes, le 23 mars 1843.

NOTE.

Au moment où je venais d'imprimer, dans cette introduction, la liste des auteurs qui, à ma connaissance, s'étaient occupés des antiquités de Nismes, j'ai reçu la 27e livraison des monumens anciens et modernes, de M. Jules Gailhabaud. Dans cette livraison, M. Albert Lenoir décrit notre amphithéâtre et donne à la suite une note bibliographique que je crois utile de transcrire ici. On verra que M. Lenoir cite quelques auteurs que je n'avais pas mentionnés, comme Dom Vaissette, Piganiol de La Force, de La Borde et Guettard, de Caumont, Canina, Taylor, Nodier et Cailleux, Bonafous, Witzschell, et que, par contre, j'en ai indiqué plusieurs que M. Lenoir a omis, comme, Séguier, Rulman, Guiran, Albert d'Augnières, Maffeï, Palladio, Graverol, Vincens et Baumes, Barbaroux, Aubanel, Pellet, Frossard, Rivoire, Malosse, Rochemore, Artaud, Catel, Baville, Astruc. Je pense qu'avec mes indications et celles de M. Lenoir que je copie ici, on aura la bibliographie à peu-près complète de nos antiques monumens.

AUTEURS INDIQUÉS EN COMMUN.

1° Poldo d'Albenas (J.), — *Discours historial de l'antique et illustre cité de Nismes*; Lyon, 1650, in-fol., planches gravées sur bois.

2. Grasserii, — *De Nemausensibus antiquitatibus dissertatio*; 1614, in-12.

3. Deyron, — *Antiquités de la ville de Nismes*; 1663, in-4°.

4. Gautier, — *Histoire de la ville de Nismes et de ses antiquités*; 1724, in-8°.

5. Ménard, — *Histoire et antiquités de la ville de Nismes et de ses environs*; 7 vol. in-4°, 1750.

6. Valette, — *Abrégé de l'histoire de la ville de Nismes et de ses antiquités*; 1760, in-8°, pl.

7. Maucomble, — *Histoire abrégée des antiquités de la ville*

et des environs de Nismes ; Amsterdam, 1767, 2 vol. in-8°; 2e édit., 1806, 1 vol. in-8°, 14 pl.

8. Clérisseau, — *Antiquités de France*, — *Monumens de Nismes ;* Paris, 1778 et 1806, 2 vol. gr. in-fol., pl.

9. Millin (A. L), — *Voyage dans les départemens du Midi de la France ;* Paris, 1807 à 1811, 5 vol. in-8° et atlas in-4°.

10. De Seynes (Alph.), — *Monumens romains de Nismes ;* Paris, 1818, in-fol. lithogr.

11. De La Borde (Alexandre), — *Les monumens de France, classés chronologiquement et considérés sous le rapport des faits historiques et de l'étude des arts ;* Paris, 1816 à 1836, 2 vol. in-fol., pl.

12. Grangent, Durand et Durant, — *Description des monumens antiques du Midi de la France ;* Paris, 1819, in-fol. pl.

13. Perrot, — *Lettres sur Nismes et le Midi de la France ;* Paris, 1841, 2 vol in-8°.

14. Nisard, — *Histoire des principales villes d'Europe :* NISMES; Paris, 1835, in-4°, pl.

15. Mérimée (P.), *Notes d'un Voyage dans le Midi de la France;* Paris, 1835, in-8°.

AUTEURS INDIQUÉS PAR M. LENOIR, SEUL.

16 Dom Vaissette, — *Eclaircissemens sur les antiquités de la ville de Nismes ;* Paris, 1746, in-8°.

17. Piganiol de La Force, — *Description historique et géographique de la France ;* Paris, 1752, 15 vol in-12.

18. De La Borde et Guettard, — *Voyage pittoresque ou description de la France ;* Paris, 1781, 12 vol. in-fol. pl.

17. De Caumont, *Cours d'antiquités monumentales*, 11e *partie*, — *Ere Gallo-Romaine ;* Caen et Paris, in-8° et atlas in-4° oblong.

20. Canina, — *Architectura antica*, *architecture romaine ;* Rome, 5 vol. in-fol., pl.

21. Taylor, Nodier et Cailleux, — *Voyages romantiques et pittoresques dans l'ancienne France*, — *Languedoc ;* Paris, 2 vol. in-fol. lithogr.

22. Bonafous, — *Monumens antiques de la ville de Nismes*; in-8° oblong.

23. Witzschell (M.-C.-Th.), — *Comentatio de civitate Nemausensi*; 1837.

AUTEURS QUE J'AI INDIQUÉS DE PLUS.

24. Séguier. — Comme il serait trop long de rapporter les titres de ses ouvrages imprimés ou manuscrits sur la ville de Nismes, *voyez* le catalogue imprimé de la Bibliothèque, aux numéros 11461, 13800, 13801, 13802, 13806, 13807, 13808, 13813, 13816, 13895, 13896.

25. Rulman. — *Voyez* le même catalogue, numéros 11450, 13835.

26. Gaillard de Guiran. — *Voyez* n°s 11450, 12733, 13799, 13800.

27. Albert d'Auguières. — *Voyez* n° 11450.

28. Maffeï. — *Voyez* le n° 12489.

29. Palladio. — *Voyez* le n° 7104.

30. Graverol. — *Voyez* les n°s 12279, 12710, 12714.

31. Troussel, — *Histoire*, manuscrite, *de la ville de Nismes*, aux archives de la Mairie; 1 vol. in-fol.

32. Aubanel, — divers mémoires sur les antiquités de Nismes, dans les anciens mémoires de l'Académie, de 1804 à 1812.

33. Baumes et Vincens, — *Topographie de Nismes*; 1 vol. in-4°, 1802.

34. Barbaroux, — *Guide aux Monumens antiques et modernes de Nismes*; in-8°, 1824.

35. Baragnon, — *Histoire de Nismes abrégée de Ménard*; Nismes, 4 vol. in 8°.

36. Frossard, — *Tableau physique et moral de Nismes et de ses environs*; Nismes, 2 vol. in-8°.

37. Pellet (Auguste), — *Dissertations diverses sur nos monumens, dans les mémoires et notices de l'Académie du Gard*, de 1822 *à* 1843; in-8°.

38. Rivoire, — *Statistique du Gard*; 2 vol. in-4°, Nismes.

39. Malosse (Paulin), — *Recherches sur les bains antiques de Nismes.*

40. De Rochemore (Alexandre-Henri-Pierre), — *Mémoire sur les Volces-Arécomiques.*

41. Artaud, bibliothécaire à Lyon, — *Antiquités de Nismes.*

42. Catel, — *Mémoires sur l'histoire du Languedoc*; in-fol., 1633.

43. Baville, — *Mémoires pour servir à l'histoire du Languedoc*; 1734, in-8°.

44. Astruc, — *Histoire naturelle du Languedoc*; in-4°.

45. Perrot, — *Antiquités de Nismes*; abrégé de Ménard, in-8°

SYSTÈME DE M L'ABBÉ SIMIL.

VOYAGE A UZÈS.

IDÉES DE M. EUGÈNE LABAUME.

J'avais eu le projet de renvoyer à la fin de cette livraison l'examen des idées de M. l'abbé Simil sur les moyens de procurer de l'eau à Nismes ; une circonstance accidentelle me décide à m'en occuper plus tôt.

M. Emilien Dumas m'a annoncé que M. Pralong, agent-voyer d'Uzès, avait relevé, à l'échelle du cadastre, le parcours de l'aqueduc romain depuis Uzès jusqu'au Pont-du-Gard. Comme nous avons déjà le tracé de M. Valz, et celui de MM. Talabot et Didion, de Nismes au Gardon, il résultait de cet avis, que nous possèderions le plan séparé des deux moitiés de cette antique construction, sur la même échelle, et que nous n'aurions plus qu'à les réviser, les réunir, les réduire et les publier.

M. Dumas me dit aussi que M. Pralong avait fait le compte détaillé de ce que coûterait la restauration de l'aqueduc depuis Uzès jusqu'au Gardon ; qu'il avait supputé les indemnités que la ville de Nismes aurait à payer aux propriétaires des usines existantes, si on voulait reprendre les eaux des fontaines d'Eure et d'Airan ; on sent combien je fus impatient de connaître ces documens complémentaires.

Je me décidai aussitôt à entreprendre une course à Uzès, depuis longtemps projetée, et j'ai eu le plaisir de la faire en compagnie de MM. Bernard, Liotard père et Pellet, mes fidèles compagnons d'observation. M. Valz nous manquait seul, la comète le retenait; il étudiait dans son observatoire de Marseille des régions plus élevées, des phénomènes plus importans.

Notre but était de voir M. Pralong, et de suivre les traces de l'aqueduc romain depuis Uzès jusqu'au Gardon, mais, pour rendre cette course plus utile encore, nous décidâmes d'étudier sur les lieux le projet de M. l'abbé Simil qui avait proposé de prendre les eaux pour Nismes à côté du pont de St-Nicolas. Pour remplir ces deux objets, nous résolûmes de nous rendre de Nismes à Uzès par la route de St-Nicolas, et d'en revenir par celle du Pont-du-Gard. L'historique de notre course comprendra donc : — l'étude des projets de M. l'abbé Simil, — et l'étude de l'aqueduc romain aux environs d'Uzès. — Tirons de nos cartons l'analyse des idées de notre auteur nîmois.

Système de M. l'abbé Simil.

M. Simil est un de ceux qui se présentèrent, en 1825, au concours que la ville de Nismes avait ouvert sur la question des eaux. Il exposa trois projets dont on aurait certainement grand tort d'essayer la réalisation, mais que mon rôle d'historien monographe m'oblige de faire connaître. Les idées les moins praticables ne laissent pas que de séduire certains esprits ; elles se conservent traditionellement, elles renaissent, comme des inventions nouvelles, de génération en génération. Il me semble que c'est utilement servir la vérité que de réduire, petit à petit, le domaine de l'erreur.

I.

Aux environs du pont de St-Nicolas, en aval, sur la rive droite du Gardon, M. Simil avait observé, en 1803, qu'une source appelée la *Ferragère* ou les *Frégeïres* fournissait habituellement deux mille pouces d'eau, et douze cents, au moins, dans le temps des plus grandes sècheresses, lorsque le Gardon était complètement à sec en amont, et ne recommençait à couler que par les eaux de cet affluent.

Frappé de l'importance de cette fontaine, qu'il observa plusieurs fois en diverses années, et considérant que c'était l'eau abondante et pérenne la plus voisine de la ville de Nismes, il proclama, en 1825, que c'était là qu'il fallait s'adresser pour satisfaire à ces conditions du programme municipal : *Fournir trois cents pouces d'eau arrivant dans les quartiers les plus élevés de la ville, et ne coûtant pas plus d'un million.*

« Cette source, disait notre auteur, est de neuf » mètres plus élevée que l'Esplanade de Nismes, il » est donc possible de la conduire par une rigole à » pente. Mais, comme il faudrait percer les monta- » gnes interposées, et qu'après ce travail gigantes-

» que on n'atteindrait pas les quartiers supérieurs, » il faut en faire monter l'eau par des moyens artifi- » ciels, soit pour éviter une dépense excessive, soit » pour remplir les conditions du programme sur le » point d'arrivée. »

Parmi les moyens d'élever l'eau, l'auteur rejette tout d'abord la machine à vapeur comme trop dispendieuse, comme sujète à trop de dérangemens; il préfère des pompes mises en jeu par un courant.

« La source *Ferragère*, dit-il, est au bord du Gar- » don, à environ mille mètres au-dessous du pont de » St-Nicolas, sur la rive droite. Pour arriver horizon- » talement à Nismes, il faudrait un percé de douze » mille mètres; il vaut donc mieux élever les trois » cents pouces d'eau demandés par une machine » hydraulique mue par le courant lui-même; c'est » le moyen le plus simple, le plus constant et le moins » dispendieux. Il faut, en effet, percer ou franchir » deux montagnes qui couvrent tout l'intervalle entre » Nismes et le Gardon, et qui ne sont séparées que » par une dépression peu marquée.

» En allant de Nismes à Uzès le terrain s'élève à » partir des faubourgs; à la rencontre du chemin de » fer on est déjà à vingt-cinq mètres au-dessus de la » ville; à la rencontre du chemin de Calvas on est à » trente-huit mètres. En cet endroit l'ascension de- » vient plus prononcée, et quand on a gravi le *Serre-* « *des-Vignes*, au point qui sépare le *Mas-de-Blazin* » de la *Bergerie-de-Calvas*, on se trouve à cent vingt- » neuf mètres d'élévation au dessus de l'*Esplanade*.

» A partir de là, le terrain s'abaisse peu à peu; on » descend dans une dépression située entre les terres » du *Mas-du-Chêne* et celles du *Mas-de-Mayan*, et » dans ce point, qui sépare les deux montagnes, on » n'est plus qu'à cent trois mètres d'élévation. Mais » bientôt on commence à gravir la montée de *Ferron*, » celle de *Cabanon*, celle de la *Jasse-de-St-Nicolas*, » et l'on arrive sur un plateau de cent cinquante-six » mètres d'élévation, dont on descend enfin vers la » rivière par une pente très-rapide, même en suivant » la route, malgré ses nombreux lacets et leur grand » développement.

» Telles sont les difficultés qu'on doit surmonter » pour conduire l'eau de St-Nicolas à Nismes, sans » souterrains; c'est-à-dire que si l'on exclut les tran- » chées et les percés il faut élever l'eau à cent cin- » quante-six mètres, en suivant à peu près la direc- » tion générale de la route; et si, au contraire, on fait » passer les conduits perpendiculairement au-dessus » de la source *Ferragère* elle-même, on aura encore » cent quarante mètres à monter. »

Nous savons déjà que l'auteur veut arriver à ce résultat au moyen d'une machine que l'eau mettrait en mouvement; mais, où trouver le courant moteur? C'est la première difficulté qui se présente. — Il ne peut compter sur le Gardon, puisque pendant les grandes sècheresses il l'a trouvé constament à sec en cet endroit; qu'aura-t-il donc pour suppléer?..... Il aura « l'eau qui sort au bas de la montagne, la source » *Ferragère* elle-même..... Cette source élèvera, dit-

» il, les trois cents pouces demandés, à la hauteur né-
» cessaire pour qu'ils déversent du côté de Nismes...
» il ne faudra pour cela qu'une roue à aubes courbes,
» mettant en action un nombre de pompes suffisant...»

Mais la chute manque à cette source qui jaillit à peu près au niveau de la rivière, elle ne peut donc être un moteur efficace; ceci n'arrête point M. Simil.
« Pour se procurer la chute nécessaire, on enceindra
» l'orifice par lequel la source s'échappe du rocher
» d'une forte muraille circulaire et sans issue, de cinq
» mètres de hauteur. On forcera ainsi l'eau de s'éle-
» ver, et, quand elle déversera par dessus les bords
» de cette bâtisse, *on aura obtenu une chute de cinq*
» *mètres, un moteur économique sera tout trouvé.* Ce
» procédé, selon lui, est connu et chaque jour mis en
» usage, avec le plus grand succès, sur divers points
» de la France......»

Quant à moi, je ne saurais partager la confiance de l'auteur, et je pense que rien n'est moins certain que la docilité d'une source abondante pour s'élever à une hauteur de cinq mètres parce qu'on aura emprisonné ses eaux. Je crois, au contraire, que la source s'ouvrira presque toujours une autre issue, soit extérieure, soit intérieure, plutôt que de s'élever autant au-dessus de son niveau naturel.

Mais enfin, quand nous accorderions à M. Simil que cette première tentative lui réussirait à souhait, il ne lui resterait pas moins d'embarras, car il nous est impossible d'admettre avec lui que tout le produit de sa source, que *douze cents pouces*, d'après son évaluation à l'étiage, *deux mille pouces*, si l'on veut, chutant de cinq mètres d'élévation sur une roue *quelconque* puissent imprimer une force suffisante pour élever à *cent quarante mètres* un volume de *trois cents pouces d'eau*; ceci est, bien certainement, une illusion contraire à tous les principes de l'équilibre et de la mécanique.

Peu importe donc que M. Charles, directeur des travaux publics de Nismes, ait reconnu, le 6 septembre 1827, en présence de M. le maire Cavalier, que la source de la *Ferragère* fournissait douze cent quatre-vingt-dix-neuf pouces d'eau, *quand le lit du Gardon était complètement à sec* : il est toujours impossible qu'une eau puisse élever, par sa propre action, le quart de son volume à une hauteur qui est vingt-huit fois plus grande que celle de sa chute.

Les évaluations de dépense de M. Simil ne sont pas plus justes que celles des forces motrices. Ainsi, pour la construction de sa machine, pour des tuyaux s'élevant à cent quarante mètres de hauteur verticale, pour douze mille mètres de canal au travers des rochers, pour un aqueduc en sur-élévation de cinq à six toises de haut et de deux mille mètres de longueur, nécessité par le col qui se trouve entre la montagne des *Vignes* et celle de *Ferron* qu'il faut bien franchir de niveau; pour les indemnités, pour les ponts nécessaires, pour des bassins de réserve en cas de dérangement de la machine, M. Simil ne porte qu'à *trois cent trente-six mille francs la somme de toutes les dépenses à faire....*

Le simple exposé de ce résultat en est certainement une réfutation suffisante.

II.

Mécontent, sans doute, de son premier moyen, M. Simil s'ingénie à en trouver un meilleur. Il observe avec raison que pour procurer à Nismes de l'eau, *sans machines*, il n'y a que trois partis possibles : — « 1° Rétablir l'aqueduc romain jusqu'à » Uzès, *qui ne peut mourir de soif pour nous* ; — 2° » Faire une coupure au Rhône bien au-dessus du St- » Esprit, ce qui est trop en disproportion avec nos » ressources ; — 3° Prendre les eaux du Gardon à » Boucoiran, ce qui présente de très-grandes diffi- » cultés à cause qu'il y a près de deux lieues de mon- » tagnes à percer à une très-grande profondeur, et » qu'il est fort douteux que les fonds assignés puissent » suffire. — D'où il résulte que, dans l'état des choses, » il faut forcément adopter une machine pour élever » les eaux. Déjà quelques personnes, reconnaissant » cette nécessité, ont proposé d'établir les pompes à » Collias et non à St-Nicolas ; mais, pourquoi se don- » ner une lieue de plus d'éloignement ? — St-Nicolas » étant le point le plus rapproché, doit être préféré » sous tous les rapports. »

Cependant M. Simil désirait vivement s'affranchir de l'usage des machines qui, selon lui, sont toujours incommodes et coûteuses. Voici l'expédient qu'il propose pour y parvenir sans renoncer aux avantages d'abondance et de proximité que lui offrait la source Ferragère. — Je cite textuellement :

« Pour avoir, sans le secours d'aucune machine, » les eaux de la Ferragère, à un niveau suffisant, je » ne les élèverai pas, *elles s'élèveront d'elles-mêmes.* « — Tout le monde sait que les eaux cherchent leur » niveau et que, quand on met obstacle à leur passage » et à leur écoulement, elles s'élèvent à la hauteur » de leur source. » (Ceci veut dire de leurs origines souterraines les plus éloignées.) « *Or, la source qui » alimente les Frégeïres est à neuf cent trente-trois » mètres de hauteur, c'est celle du Gardon.* Oui, la » fontaine si abondante des Frégeïres n'est autre » chose que le Gardon conduit par des canaux sou- » terrains..... Ce qui le prouve, c'est que les pluies » locales n'influent pas sur elle.... C'est qu'elle s'é- » chappe de la montagne avec une impétuosité qui in- » dique la grande hauteur du réservoir à laquelle on » peut la ramener.... Nous pourrions donc l'élever à » une hauteur prodigieuse, mais cent quarante mè- » tres nous suffisent. — Ne serait-ce pas une *très- » belle chose* qu'un château d'eau qui, de cette éléva- » tion, déverserait vers Nismes les eaux qui sont né- » cessaires à sa prospérité? Une simple tour remplirait » ce but, et ne coûterait pas plus de trente-trois mille » francs.... »

M. Simil ne fait pas attention que sa tour n'aurait que neuf mètres de moins que la grande pyramide d'Egypte, celle de Chéops, qui coûta certainement beaucoup plus cher; mais poursuivons :

» Au reste, dit-il, on pourrait réduire l'élévation » de cent quarante mètres que nous donnons à notre

» tour, en cherchant une autre direction pour le ca-
» nal de conduite ; ainsi, au lieu de franchir la mon-
» tagne *Ferron*, en suivant le chemin d'Uzès, ce qui
» nous oblige à monter de cent cinquante-six mètres,
» au lieu de la franchir perpendiculairement au-des-
» sus de la source même, ce qui demande encore cent
» quarante mètres d'ascension, on pourrait trouver
» un passage plus favorable. Pour cela il faudrait
» descendre le Gardon à douze ou treize cents toises
» en aval du pont de St-Nicolas, pour entrer dans une
» échancrure des montagnes de la rive droite appelée
» la *Grand-Combe*; de là, on passerait près des Mas de
» *Cabanne*, de *Cabanon*, de *Mayan*, et l'on arrive-
» rait à Nismes par Courbessac. »

Certes, d'après la théorie, la réussite de ce projet singulier n'est pas complètement impossible ; il n'est pas entièrement absurde de supposer qu'en *tubant* ainsi une source dans l'air, comme on *tube* un puits artésien au travers des couches terrestres, l'eau ne puisse *quelquefois* monter, et même à une grande élévation ; mais la probabilité est si faible qu'il serait bien imprudent d'y compter et de dépenser de l'argent dans ce but merveilleux. Sait-on s'il n'y a pas dans le rocher mille crevasses par lesquelles l'eau s'épancherait plutôt que de monter dans la tour où l'on voudrait l'emprisonner? Et, comment M. Simil a-t-il appris que cette source provient de *neuf cent trente-trois mètres d'élevation ?* Tout cela est trop hypothétique pour mériter une réfutation sérieuse.

Quant aux diverses routes que M. Simil trace à ses

conduites d'eau, il les avait trop mal étudiées pour que ses assertions méritent pleine confiance. Que de projets ont été faits sur les carrés de *Cassini*, sans que les auteurs d'abord, sans que plus tard ceux qui les ont jugés eussent jamais vu le terrain. Les routes indiquées par M. Simil seraient très-coûteuses et très-difficiles à ouvrir, comme toutes celles où il s'agit de passer de la vallée du Gardon dans la vallée du Vistre. Pour éviter les plus grands obstacles, le chemin le meilleur est celui que prirent les Romains. Tourner la chaîne et se tenir au pied est le parti le plus facile, mais malheureusement on ne peut avoir par là les eaux du Gardon de niveau.

Privés de l'usage de la poudre pour les mines, les Romains ne pouvaient tenter, dans une roche dure, un percé qui, de quelque côté qu'on l'entreprenne, aura toujours de huit à quatorze mille mètres de longueur. Privés de la connaissance des pompes, de la plupart de nos machines hydrauliques et de la machine à vapeur, ils ne pouvaient élever l'eau du Gardon à Lafoux, ils furent par conséquent obligés de pousser leur aqueduc à pente jusqu'à Uzès.

A notre époque, le percé de la chaîne est praticable si nous pouvons y consacrer six millions; si nos ressources ne nous permettent pas une dépense aussi forte, nous pouvons élever l'eau du Gardon par des machines : nous avons donc de grands avantages sur les Romains. Si nous adoptons le dernier parti, le seul que je croie en rapport avec les ressources pécuniaires de la ville, nous épargnerons les trois quarts de la dépense en utilisant ce qui reste de l'aqueduc antique : c'est une considération qu'il ne faut jamais perdre de vue.

Les trois lignes d'emplacement des rigoles tracées par M. Simil ne méritent aucune confiance ; le nombre des points mesurés est insuffisant et les hauteurs sont fautives. Toutefois, nous notons, comme passage à étudier, la direction qu'il indique depuis le Gardon jusqu'à Nismes, par la *Grand-Combe*, *Cabanne*, *Cabanon*, *le Mas-de-Mayan* et *Courbessac.* Il est important de savoir si cette route ne serait pas plus facile, si les percés n'y seraient pas plus courts pour amener les eaux de Boucoiran jusqu'à Nismes que par les lignes de MM. Delile, Valz ou Perrier.

Il n'y a pas grande difficulté à suivre la rive droite du Gardon depuis Boucoiran jusqu'à Dions ; mais, une fois arrivés là, il faut étudier soigneusement la vallée profonde dans laquelle le Gardon se trouve encaissé jusqu'au Pont-du-Gard. Les côtés de cette gorge sont pendant cinq lieues, des rochers escarpés et très-durs. Il faut étudier aussi quelle serait la longueur du percé souterrain qu'il faudrait toujours faire de la *Grand-Combe* jusqu'à *Courbessac.* Tous ces points ne pourront être résolus, soit pour ce parcours, soit pour tout autre, que quand nous aurons une carte ipsométrique exacte des environs de Nismes. M. Bernard s'en occupe avec zèle ; les nivellemens des routes faits par l'administration des ponts-et-chaussées, les divers nivellemens de MM. les ingénieurs du chemin de fer, ceux de M. Dumas pour sa carte géologique, ceux de la carte de l'état major, les nivellemens de MM. Delile, Valz, Perrier, Laurent, Carri, Simil, pour leurs divers projets d'amener les eaux, nous seront d'un grand secours ; mais il faut encore longuement explorer, mesurer le terrain dans tous les sens ; il faut une grande persévérance et une grande habileté pour dresser une carte détaillée assez complète et telle qu'en l'étudiant avec soin on puisse prendre le parti le plus convenable sur la question des eaux.

III.

On m'a dit encore que M. Simil avait eu l'intention d'établir, au *Mas-de-Charlot*, un barrage au travers du Gardon, d'un côté à l'autre de la gorge profonde dans laquelle coule la rivière, afin de la forcer de s'élever à la hauteur où on la désire à Nismes. Je n'ai jusqu'à présent trouvé aucune trace de ce projet dans ses mémoires déposés à l'Hôtel-de-Ville ; je ne puis donc le lui attribuer formellement ; mais, quel qu'en soit l'auteur, le projet n'en a pas moins existé ; certaines personnes éclairées, d'ailleurs, l'ont pris au sérieux, ce qui m'oblige à le mentionner pour le réfuter en quelques mots.

Si l'on veut dériver les eaux du Gardon sur Nismes, le niveau exige qu'on les prenne aux environs de Boucoiran : on sent dès lors que, pour arriver au même résultat, il serait nécessaire d'élever jusqu'à l'horizontale de Boucoiran le barrage du Mas-de-Charlot. Une foule de raisons s'opposent à la réalisation de ce projet. D'abord, les frais du barrage et l'incertitude du produit, car, qui assure que le vaste lac qu'on produirait en amont serait imperméable et ne laisserait pas les eaux se perdre par infiltration?

En second lieu, il y aurait presque autant de difficulté pour amener les eaux du Mas-de-Charlot à Nismes que pour les y conduire de La Calmette ou de Dions. Il faudrait encore un percé ou des tranchées dans le rocher de neuf mille mètres ; que gagnerait-on en économie sur les projets Delile, Valz et Perrier, que leur dépense excessive force pourtant à rejeter ?

Enfin, et c'est ici l'argument péremptoire, par le barrage en question, si les eaux le respectaient, on submergerait la partie la plus précieuse et la plus productive des communes de Russan, de Dions, de La Calmette, de La Rouvière, de St-Geniès, de Sauzet, de St-Chaptes, de Moussac, de Nozières, de Brignon, de Boucoiran et de Cruviers....

Il est sans doute inutile d'en dire davantage.

IV.

Voilà ce que j'avais écrit déjà quand je me suis mis en route pour m'éclairer complètement par l'étude des lieux; je n'ai rien à changer à mes conclusions. M. Simil a assez bien décrit les deux montagnes qui séparent Nismes de St-Nicolas ; seulement, comme le terrain est plus accidenté qu'il ne l'indique, les dépenses nécessaires pour les aqueducs s'augmenteraient en proportion. Si au lieu d'établir les aqueducs à la surface on voulait un percé souterrain horizontal, il devrait avoir douze mille mètres de longueur avec des puits de 25, 38, 119, 129, 103, 131, 136, 140 et 130 mètres de profondeur, pour aboutir, pente comprise, plus bas que l'Esplanade.

Quand nous sommes arrivés à la source Ferragère, nous l'avons trouvée très-belle et très-remarquable. Il est possible qu'elle fournisse deux mille pouces pendant neuf mois de l'année, et douze cents pouces en été : malheureusement, nous n'avions plus d'intérêt à vérifier ce point ou à le contester, car, la source naissant plus bas que le niveau de la ville, Nismes ne doit plus s'en occuper.

M. Simil commet une grosse erreur de nivellement quand il avance que cette source est à neuf mètres au-dessus de l'Esplanade ; sans qu'il soit besoin d'un mesurage pénible, une simple observation va prouver le contraire. — Pour conduire à Nismes les eaux du Gardon à une hauteur suffisante il est reconnu qu'il faut les prendre à Boucoiran ; or, la source Ferragère naissant *au niveau du Gardon* à quatre lieues en aval de Boucoiran, elle ne peut être assez élevée pour Nismes. — Autre preuve : L'aqueduc romain, au Pont-du-Gard, est à quarante-huit mètres au-dessus de la surface du Gardon; il n'y a certainement pas quarante-huit mètres de pente dans les trois lieues que le Gardon parcourt de la source Ferragère au Pont-du-Gard, cette source n'est donc pas à la hauteur de l'aqueduc romain; elle n'est donc pas assez élevée pour les usages de la ville; on n'en doit plus parler.

Veut-on amener de l'eau à Nismes par un percé,

Boucoiran, par son élevation, est le seul point de prise convenable. —Veut-on éviter les frais du percé et élever les eaux par une machine, Lafoux est le point le plus productif et le moins coûteux. Dans l'une et l'autre hypothèse, la source de la Ferragère doit être abandonnée.

Ce que nous devons seulement retenir des mémoires de M. Simil, c'est qu'il a observé plusieurs années, et notamment le 6 septembre 1827, avec M. Cavalier, maire, et M. Charles, architecte de Nismes, *que le Gardon était à sec au pont de St-Nicolas*; qu'au dessous, la fontaine *Ferragère* lui redonnait seule un peu d'existence.... Il y a loin de là aux six mille pouces qu'on a la prétention d'amener à Nismes.

Un autre point important, que j'ai au reste déjà signalé, c'est la coupure de la Grand'Combe qui paraît un des passages les plus favorables de la vallée du Gardon dans celle du Vistre. Nous l'étudierons plus tard. L'administration des ponts-et-chaussées en profite pour y emplacer la route de Nismes à Uzès, et supprimer la détestable descente de St-Nicolas. C'est une grande amélioration pour la viabilité, et la portion nouvelle de route est très-intéressante comme ouvrage d'art, comme ouverte dans un site remarquablement pittoresque que tout habitant de Nismes devra connaître. On voit qu'une bonne indication est toujours utile à quelque chose.

La vérité nous a obligés de combattre les idées de M. Simil, mais nous sommes heureux de signaler ce que ses mémoires contiennent d'utile au public; un tra vail consciencieux a toujours son prix, l'oisiveté seule est improductive et la mauvaise foi méprisable.

La connaissance du terrain est une condition indispensable pour établir convenablement les routes, les canaux, les aqueducs, et l'on ne sait pas assez à combien de choses utiles une bonne carte peut servir. Nous espérons posséder bientôt la superbe carte géologique actuellement sous presse, que publie M. Emilien Dumas ; elle nous sera précieuse pour notre étude des environs de Nismes relativement à la question des eaux. Nous pourrons, d'après lui, marquer sur la nôtre les formations diverses du terrain, ce qui facilitera beaucoup le jugement à porter sur les divers projets de percés, de souterrains ; l'appréciation des obstacles sera bien plus aisée lorsque, pour ainsi dire, on les aura rendus visibles à l'œil. Ceux qui redoutent les courses longues et fatigantes pourront ainsi se renseigner approximativement sur la question des eaux, et rendre un jugement plus éclairé.

Une chose qui nous a fait un grand plaisir et qui sera utile à notre travail historique et au travail topographique de M. Bernard, c'est que nous avons découvert entre les mains de M. Bousquet-Dupont, héritier de feu M. Bancal, architecte de la ville de Nismes, une partie des plans et coupes de M. l'ingénieur Delile que nous cherchions depuis longtemps. On voit que la persévérance de nos efforts ne reste pas sans résultat.

Course à Uzès.

Du pont de St-Nicolas à Uzès, la route ne nous fournit aucune observation utile à nos projets, et, en arrivant, nous fûmes trouver M. Pralong, qui nous fit un accueil plein de cordialité et de bienveillance.

Les choses n'étaient pas aussi avancées que nous l'avait dit M. Dumas : M. Pralong a bien le projet de relever le parcours de l'ancien aqueduc et de faire un devis du coût de sa restauration, ainsi que des indemnités qu'il y aurait à payer pour le rachat des eaux ; mais, jusqu'ici, il s'est borné à ramasser des documens et à prendre les calques des plans cadastraux du terrain que l'aqueduc parcourt dans chaque commune. Il nous offrit de mettre ces calques à notre disposition et de nous accompagner dans l'exploration que nous allions faire, ce que nous acceptames avec empressement.

Nous nous rendîmes, par la route du St-Esprit, au bord de la rivière *d'Auzon ou d'Airan*. Il n'y a point de source qui porte aujourd'hui le nom d'*Airan* qui s'est complètement perdu dans le pays et qui n'existe que dans les livres. La rivière, ou plutôt le ruisseau d'Auzon a plusieurs origines qui sont près du mas Molène, près de Valabrix, de Castelnau, de St-Quentin, de St-Victor-des-Oules, de St-Hippolyte, de Flaux, de la Tour d'Avron, et d'Avedon, lieux situés au nord d'Uzès. Une de ces sources, appelée *Bagnères*, une autre, désignée comme *fon-*

taine minérale, servirent peut-être aux Romains pour des usages hygiéniques ou médicaux.

Sous Uzès, au premier pont de la route du St-Esprit, tous ces affluens sont déjà réunis; c'est là la rivière d'Auzon à laquelle il ne manque plus que les sources d'Eure.

Celles-ci sourdent du rocher en plusieurs endroits, au levant et vis-à-vis de la ville, au-delà de la rivière d'Auzon dans laquelle elles viennent se jeter et se confondre. Alors cette rivière, dont les eaux sont doublées, est indifféremment appelée rivière d'Eure ou d'Auzon, le nom d'Airan est tout-à-fait oublié.

Si, après avoir réparé l'aqueduc, nous voulions reprendre aujourd'hui les eaux d'Uzès pour les conduire à Nismes, nous établirions tout naturellement notre prise d'eau au-dessous du confluent du ruisseau d'Auzon et des sources d'Eure, à l'effet de les saisir par un seul ouvrage, toutes réunies. C'est le moyen le plus simple et que tout ingénieur suivra si quelque obstacle physique ne s'y oppose. Tous les auteurs ont pourtant contesté que les Romains eussent fait ainsi.

Les uns ont dit : « A l'endroit où les sources d'Eure » sortent du rocher, elles sont à un niveau plus élevé » que la rivière d'Auzon, et, puisque le canal romain » aboutissait aux sources d'Eure, il ne pouvait pren- » dre les eaux de l'Auzon qui se trouvaient à un ni- » veau inférieur. L'eau des sources d'Eure était donc » seule conduite à Nismes....» C'est le texte de trente auteurs anciens ou modernes.

D'autres répondent : « Mais il est absurde que les

» Romains, après avoir construit à grands frais un ca-
» nal pour fournir Nismes d'eaux abondantes, n'aient
» pris que les sources d'Eure, négligeant celles d'Ai-
» ran par la raison qu'elles coulaient un peu plus bas
» que les autres. Si pour faire arriver les eaux à Nis-
» mes il fallait nécessairement partir du niveau des
» sources d'Eure, si l'on n'en devait rien sacrifier,
» les Romains ne pouvaient-ils avoir les eaux d'Airan
» au même niveau en allant les prendre, par un canal
» particulier, à deux ou trois mille mètres de distance
» en amont des sources d'Eure?.... Certes, ce travail,
» qui n'était qu'une bagatelle pour eux, était trop
» productif pour qu'ils ne l'aient pas fait. »

Les historiens se sont donc partagés en deux camps : — Ceux qui prétendent que la fontaine d'Eure a seule été conduite à Nismes, — et ceux qui affirment que, par un canal particulier, les eaux d'Airan, prises plus haut, ont été amenées au niveau de celles d'Eure et confondues avec elles, La dispute a été si chaude que bientôt des écrivains, des ingénieurs ont soutenu *avoir vu, avoir étudié ce canal particulier*, ce que d'autres ont nié formellement.

Serons-nous assez heureux pour terminer cette grande querelle? — Nous l'espérons.

Les sources d'Eure sourdent du rocher, la première dans un beau bassin naturel, agrandi et modifié de main d'homme, qui appartenait autrefois à M. de Broche, et que possède aujourd'hui M. Vincens. Ce bassin n'est pas sans analogie avec celui dans lequel naît la Fontaine de Nismes. — La seconde source d'Eure jaillit directement du rocher sans réservoir extérieur ; enfin, des surgeons nombreux donnent une eau abondante dans une prairie au pied de la montagne. Toutes ces sources sont plus élevées que la rivière d'Auzon ou d'Airan dans laquelle elles se rendent.

Si les Romains avaient conduit leur canal jusqu'aux sources d'Eure, et s'ils avaient voulu prendre aussi les eaux d'Airan nul doute qu'une bifurcation n'eût été nécessaire et qu'il n'eût fallu remonter le ruisseau d'Airan jusqu'au niveau convenable. Mais personne ne connaît cette bifurcation, on cherche en vain des traces de ce canal d'Airan. — Ne l'aurait-on pas inventé dans le cabinet ? Nous allons prouver que, raisonnablement, il n'a pu exister, car il serait complètement superflu.

Les Romains ont pris tout bonnement leurs eaux dans la rivière, au-dessous du confluent des source, d'Eure et d'Airan. — C'était le moyen le plus simple le plus économique, le plus productif, et c'est celui qu'ils ont adopté. Si au lieu de disputer on eût simplement nivelé la tête du canal et les eaux de la rivière, les faits eussent coupé court à une dispute dans le vide.

En 1839, une inondation violente excoria une portion de la vallée et mit à découvert une partie du canal très-voisine de la rivière à laquelle nous sommes persuadés qu'il aboutit. La portion mise à jour n'est qu'à quatre-vingts mètres de distance du fil de l'eau, et sa direction y tend évidemment. Le fond de la cunette, le radier du canal, se trouve à soixante-douze centimètres en contrebas de la surface de l'eau de la rivière, de sorte que si l'on découvrait le peu de l'aqueduc qui est encore enfoui, si l'on coupait la terre et le gazon sur une longueur de quatre-vingts mètres, toute l'eau de cette rivière, c'est-à-dire celles d'Eure et d'Airan réunies, entreraient d'elles-mêmes dans l'aqueduc, sans barrage, sans chaussée, par leur pente naturelle.

Si l'on suppose à la partie de l'aqueduc enfouie la même direction qu'à la partie découverte la plus voisine, il rencontrerait la rivière un peu en amont de la porte basse du parc de l'Evêché, un peu en aval de la fabrique de M. Albin Roussel, à peu près au milieu de l'intervalle, mais sur la rive opposée. Là, nous l'avons déjà dit, tout est réuni; les eaux d'Eure et d'Airan se sont jointes, et c'est là que les Romains devaient les prendre comme ils l'ont fait en réalité. Avaient-ils besoin de pousser leur aqueduc au-delà, d'ajouter sans but deux embranchemens inutiles, qui n'ont certainement jamais existé bien que quelques personnes soutiennent les avoir vus? *Car c'est ainsi qu'on écrit l'histoire......* Continuons notre exploration.

Nous avons suivi et relevé l'aqueduc partout où il a été visible, partout où on a pu nous l'indiquer d'Uzès au Pont-du-Gard. Cette exploration n'a pas été plus pénible et elle sera aussi fructueuse que celles que nous avons déjà faites de Nismes au Gardon. Tous les points reconnus ont été tracés sur les calques cadastraux que M. Pralong avait mis à notre disposition. Comme le tout figurera sur la carte dont s'occupe M. Bernard, je n'entrerai dans aucun détail, je dirai seulement que nous saurons bientôt d'une manière très-approximative quels étaient le parcours et la lonqueur de l'aqueduc romain que chacun a donné à sa guise, aussi arbitrairement qu'on en avait tracé l'origine ; je crois même que certains en ont écrit la description sans l'avoir jamais vu.

Nous saurons bientôt aussi quelle était sa pente générale et s'il y en avait de partielles. Il parait que l'inclinaison n'était point du tout uniforme et que, très-faible en certains endroits, elle était, au contraire, très-forte dans d'autres. Nouvel échec aux systèmes faits dans le cabinet, sur la pente *invariable*, dit-on, que les Romains donnaient toujours à leurs aqueducs.

Si l'on restaurait celui d'Uzès à Nismes, en rendant la pente uniforme dans tous les endroits qu'il faudrait construire à neuf, en la réduisant au minimum nécessaire à l'écoulement des eaux, en supprimant beaucoup de sinuosités inutiles, on arriverait peut-être à gagner sur le niveau de prise une hauteur suffisante pour laisser à Uzès la jouissance de ses principales usines, et pour pouvoir, sans dommage notable pour sa population, amener les eaux à Nismes, puisqu'on ne supprimerait que les usines les moins importantes dont on ferait l'acquisition. La carte de M. Bernard, les recherches de M. Pralong éclairciront bientôt tous ces points.

Quelquefois, pendant notre course, dans les terrains cultivés et peu en pente, nous étions embarrassés pour retrouver l'emplacement de l'aqueduc, parce que le niveau étant le même sur une grande surface, dans un terrain meuble, il pouvait être plus ou moins enfoui. Bientôt nous nous sommes aperçus que la végétation nous remettait sur la trace dans la plaine d'Uzès, comme nous l'avions éprouvé à St-Gervazy, à Besouce, à Paza. L'aqueduc est-il rompu, la voûte est-elle enlevée, alors les blés, les souches, les arbres même sont plus beaux sur son parcours qu'ailleurs. Si au contraire la voûte est conservée, la végétation est plus chétive sur l'aqueduc.

Dans tous les cas, les deux murs latéraux, bien qu'enfouis profondément, produisent au milieu des blés verdoyans deux bandes parallèles et jaunâtres, les tiges devenant plus chétives et s'étiolant par le défaut d'humidité.

Au début de cette exploration, une chose nous fit à tous le plus grand plaisir, la voici : Mon ancien condisciple, M. Charles de Labaume, avocat très-distingué à Uzès, possède, au-dessous de la ville, une propriété que l'aqueduc traverse. Comme Delon, M. Valz et moi nous l'avons proposé pour la ville de Nismes, M. Labaume a eu l'idée de déblayer sa portion d'aqueduc et d'en faire un réservoir à son usage.

Que ceux qui peuvent avoir trouvé singulier ou ridicule le conseil analogue donné à la ville de Nismes suspendent un jugement que les faits démentiraient ici, car nos compagnons de voyage ont été émerveillés de ce qu'ils voyaient, et nous-même, qui sans doute trouvions, dès l'origine, notre idée très-raisonnable, nous avons été étonné d'une aussi complète réussite. M. de Labaume a fait nétoyer trois ou quatre cents mètres de longueur de l'ancien aqueduc; il en a tiré une excellente terre et il a obtenu, avec profit d'engrais, une citerne, un réservoir qui contient six ou huit cents mètres cubes d'eau.

On ne peut se faire une idée de la conservation, du bon état des portions enfouies de l'aqueduc; il est comme au sortir de la main des ouvriers. Mes compagnons et moi nous n'en revenions pas, nous nous demandions si c'étaient bien là des enduits, des bâtisses qui eussent dix-sept siècles d'existence; nous les croyions faits de la veille, et certainement aujourd'hui on n'exécuterait rien d'aussi excellent.

Il n'y a ni fente, ni soulèvement, ni fissure; l'aqueduc tient l'eau parfaitement. Le bon exemple donné par M. Labaume se propagera de proche en proche, l'aqueduc reprendra une utilité réelle dans les pays arides qu'il traverse, et les propriétaires qui l'auront détruit chez eux éprouveront une juste mais trop légère punition de leur vandalisme. Si l'on n'a pas vu la portion d'aqueduc que M. de Labaume vient de faire nétoyer, on n'a pas une idée complète de la perfection que les Romains apportaient à ces ouvrages. Que nous sommes loin d'eux aujourd'hui, avec la plupart de nos travaux par adjudication!....

Je ne puis quitter Uzès sans dire un mot du puits artésien que M. Murco, habitant de cette ville, fait forer chez lui, et dont la réussite intéresserait Nismes, d'ailleurs, sous plus d'un rapport. On doit à M. Murco des encouragemens pour son entreprise qu'il a conduite avec une intelligence et une économie remarquables. La ville ne l'a encore aidé que par une très-faible allocation ; cependant, on doit plus que des éloges à l'auteur d'un pareil travail, surtout quand on manque de bonne eau, comme à Uzès, et qu'il faut aller la chercher presqu'au niveau de la rivière, à la fontaine de Gisfort.

Le forage a atteint deux cent quatre-vingts pieds ; c'est-à-dire qu'on est parvenu à cent pieds au-dessous de la rivière d'Eure ; l'eau n'a pas encore surgi. Sera-t-on plus heureux en persévérant ? — Certainement je ne voudrais décourager ni l'entrepreneur ni l'autorité municipale, je les engage, au contraire, à persévérer encore, bien que la vérité m'oblige à dire que c'est avec peu d'espoir de succès.

Uzès est bâti sur un mamelon de terrain tertiaire presque isolé ; cette formation, cette position donnent peu de chances pour obtenir des eaux jaillissantes, car toute masse d'eau assez comprimée pour s'élever jusqu'au sommet se ferait jour probablement dans les vallées environnantes par les joints si nombreux d'une stratification à peu près horizontale.

Au-dessous du terrain tertiaire se trouve le terrain néocomien, mais cette formation est si tourmentée, fissurée, caverneuse, il y a tant de boyaux et d'évents, tant de joints de couches qu'on doit peu compter qu'elle garde les eaux sous une pression capable de les faire remonter de plus de deux cent quatre-vingts pieds. Toutefois, vu les besoins pressans de la ville, c'était une expérience qu'il convenait de tenter.

Le percé ayant atteint la roche néocomienne il faut persévérer jusqu'à ce qu'on ait traversé tout l'étage supérieur de cette formation. Si à la rencontre des marnes qui séparent l'étage supérieur de l'étage moyen l'eau ne jaillit pas, il sera sage d'abandonner l'entreprise ; mais, jusque-là, le conseil municipal doit venir généreusement en aide à M. Murco, dans un travail dont la réussite serait tout au profit de la cité.

Quant à moi, je désire vivement que la ville d'Uzès que j'aime, parce que je l'ai habitée dans mon enfance, puisse obtenir de ce forage des eaux salubres et abondantes. Un besoin réel serait satisfait et, dès lors, on pourrait céder à Nismes, avec moins de difficulté, une portion des fontaines d'Eure et d'Airan.

Au reste, si je mentionne l'espoir de reprendre un jour, pour Nismes, une portion de ces sources, ce n'est pas que je regarde la chose comme nécessaire, — c'est par pure condescendance pour ceux qui sont ennemis irréconciliables des machines, par ignorance ou par préjugé.

Maintenant, à mes propres yeux, la question des eaux pour Nismes est complètement résolue, sans qu'on ait besoin des sources d'Uzès. — Restauration de l'aqueduc romain jusqu'à Lafoux, — sources disséminées sur le parcours, machine hydraulique remplaçant les moulins de Lafoux et donnant trois cents pouces d'eau, — étang de Lognac, aqueduc lui-même disposés en réservoir au cas de dérangement des machines. — On aura ainsi un produit qui dépassera trois fois celui de la Fontaine ; cela peut suffire pendant longues années, et ne coûtera pas quinze cent mille francs.

Projet de M. Eugène Labaume.

Puisque me voilà à Uzès, je n'abandonnerai pas cette localité sans faire mention d'un projet d'amener à Nismes diverses eaux réunies à la fontaine d'Eure, projet conçu par M. Labaume, du St-Esprit, et dont je dois la communication à la bienveillante obligeance de M. Pralong.

M. Labaume est un des survivans de nos armées héroïques de l'empire. Il fit, en 1812, la campagne de Russie, et l'on sait qu'assistant à une retraite bien plus désastreuse que celle des dix mille, il voulut, comme Xénophon, transmettre à la postérité le récit douloureux des malheurs de ses frères d'armes. M. Labaume s'occupe de choses utiles dans les loisirs de la paix, et, le 1er septembre 1836, il fit paraître, dans la *Gazette du Bas-Languedoc*, diverses indications tendant à résoudre le problème d'amener des eaux à Nismes. — Il voulait, de plus, conduire des eaux jaillissantes sur les places et dans les rues d'Uzès.

Il dit : « Par son programme du 19 novembre 1825,
» Nismes a mis au concours le projet d'amener trois
» cents pouces d'eau fontainiers à une élévation suf-
» fisante pour qu'on puisse les distribuer, dans toutes

» les saisons, dans les quartiers les plus élevés de la » ville. — Il est à regretter qu'aucun des concurrens » n'ait songé à rétablir l'aqueduc du Pont-du-Gard...

» Pénétré de l'importance de cette grande entre- » prise, j'ai fait, sur les lieux mêmes, des recher- » ches que je vais exposer.

» Après avoir naturellement jeté les yeux sur la » fontaine Dure (d'Eure), je compris que ses eaux » étant tombées dans le domaine public, il ne serait » pas possible d'en disposer sans attenter à la propriété » des habitans d'Uzès. *Si cette difficulté n'existait pas,* » *rien ne serait plus facile que de rétablir l'ouvrage* » *des Romains.*

» Je me suis ensuite occupé du Gardon, et quoique » sa hauteur, depuis Boucoiran jusqu'au pont de St- » Nicolas, soit à un degré suffisant pour amener les » eaux à Nismes, néanmoins cette rivière ou plutôt » ce torrent ne peut être d'aucun secours dans le pro- » jet dont il s'agit, *puisque j'ai vu son lit totalement* » *à sec à partir d'Anduze jusqu'à sa réunion avec la* » *rivière d'Uzès.* »

Arrêtons-nous un moment sur tout ceci. M. Labaume pense, comme nous, que les concurrens de 1825 n'auraient pas dû laisser la ligne du Pont-du-Gard dans l'oubli..... Il constate, ce que nous avons déjà bien des fois avancé, que nul obstacle sérieux ne s'oppose à la restauration matérielle de l'aqueduc romain, seulement il regrette que les eaux que cet aqueduc conduisait à Nismes appartiennent maintenant à la ville d'Uzès....Obligé de chercher de l'eau ailleurs,

M. Labaume étudie le Gardon dont il reconnaît la hauteur suffisante à Boucoiran, mais il avance à tort, que cette hauteur est encore assez grande à St-Nicolas ; c'est assurément une erreur, comme nous l'avons dit en parlant du projet de M. Simil.

M. Labaume est forcé de renoncer aux eaux du Gardon, à cause de leur disette à l'étiage. On sait que nous partageons cette opinion. L'auteur que nous analysons sera donc une autorité considérable à joindre à celle des Romains, de Poldo d'Albenas, de M. Méric, des commissaires de l'Académie de Nismes, de M. Simil, de M. Charles, que nous avons déjà cités. Seulement, malgré le plaisir que nous fait son témoignage, voulant rétablir les faits dans leur exactitude, et dans l'intérêt de la vérité que nous plaçons avant toute autre considération, nous devons dire que *le Gardon n'est jamais à sec à Anduze*, mais seulement deux ou trois lieues plus bas. En été, d'Anduze à Ners on trouve toujours dans le lit de la rivière des flaques d'eau alimentées par un maigre courant, mais cette eau est vaseuse, fétide, mal saine. J'ai dû rectifier ici un énoncé empreint de quelque exagération, bien qu'il pût servir d'appui à mes idées.

M. Labaume reprend : « A défaut du Gardon, ne » pourrait-on pas recourir au Cèze ? Cette rivière, » même dans les temps de sécheresse, fournirait en» core le volume demandé. A St-Ambroix, son niveau » est à 132 mètres 75 centimètres au-dessus de la mer, » de sorte qu'entre *Potelière* et *Rivière-de-Teyrargues*, » c'est-à-dire, au confluent de l'Auzonnet avec le

» Cèze, sa hauteur doit être de 125 mètres environ.
» Pour faire arriver les eaux de ce point à la fontaine
» d'Eure, il reste une pente d'à peu près soixante
» mètres; or, cette élévation laisse une grande lati-
» tude pour rechercher la ligne de nivellement d'un
» canal ou aqueduc qui pourrait apporter une partie
» du Cèze dans la fontaine d'*Eure*, point qui déter-
» minerait la solution du problème, puisqu'alors il
» n'y aurait plus qu'à établir un nouvel aqueduc sur
» les débris de l'ancien, et faire arriver, par ce
» moyen, les eaux du Cèze sur le radier du Pont-du-
» Gard.

« Pour me convaincre des données probables que
» présente la topographie du pays, j'ai fait rapide-
» ment la reconnaissance d'une partie de cette ligne.
» Elle présente deux difficultés : la première est celle
» de la prise d'eau qui de *Rivière* de Teyrargues doit
» faire refluer une portion du Cèze dans l'Auzonnet,
» pour la faire remonter aux sources du Seynes; —
» l'autre difficulté, qui est moins grande, consiste à
» faire entrer le Seynes dans la vallée où coule la
» fontaine d'Eure. »

Ainsi donc, pour procurer de l'eau à Nismes, M. Labaume veut entreprendre trois grandes opérations : — Faire passer l'eau du Cèze dans la vallée du Seynes; — faire passer l'eau du Cèze et du Seynes réunies dans la vallée de la fontaine d'Eure; — enfin, conduire ces eaux à Nismes par l'ancien aqueduc, en laissant toutefois à Uzès ce qui lui serait nécessaire.

Ce projet est sans doute fort beau, mais, même en

réunissant les ressources des villes de Nismes et d'Uzès, il nous paraît complètement inexécutable.

Il faudrait d'abord restaurer tout l'ancien aqueduc du Gard, puis, parcourir une longueur à peu près aussi grande pour aller chercher, d'Uzès jusqu'auprès de St-Ambroix, le Cèze par une pente convenable. Le cours total de l'eau amenée du Cèze à Nismes aurait plus de quatre-vingt mille mètres de développement, et il faudrait des barrages et des percés considérables pour faire passer le Cèze dans l'Auzonnet, celui-ci dans la rivière de Seynes et cette rivière, enfin, dans le bassin de la fontaine d'Eure. Dans nos pays, les rivières sont séparées les unes des autres par des montagnes ou des plateaux assez élevés et presque toujours de roche très-dure. — D'ailleurs, et ceci me paraît une raison sans réplique : — Si l'on va chercher l'eau du Cèze, pour la donner aux habitans d'Uzès en compensation de la fontaine d'Eure qu'on leur prend, que donnera-t-on aux riverains du Cèze qu'on dépouillera ? — Chuselan, Bagnols, St-Gervais, St-Julien, Laroque, Potelière, Rivière, Teyrargues et tant d'autres villages et habitations disséminées peuvent-ils se passer d'eau ? — Reculer la difficulté n'est pas la résoudre.

Outre cela, je ne pense pas que le Cèze fournisse à l'étiage beaucoup plus d'eau que le Gardon.

Si toutes ces considérations nous forçent à rejeter d'une manière absolue le grand projet de M. Labaume, il en est une portion restreinte que nous ferons peut-être bien de retenir. Ainsi, nous laisserons couler dans leur lit naturel et au grand profit des riverains, la Cèze et l'Auzonnet ; nous ne nous occuperons que de la dérivation possible de la rivière de Seynes dans celle d'Airan ou d'Eure.

Le Seynes prend sa source au nord d'Uzès, près du Mas-des-Augustins ; il se dirige vers le midi, en passant à Seynes, à Belvezet, à Serviès, à Arpaillargues, à Sagriès, et se joint au-dessous d'Uzès aux fontaines d'Eure et d'Airan. — Si l'on voulait profiter des eaux du Seynes pour Nismes, il faudrait, au contraire, que le confluent avec la rivière d'Airan fût au-dessus d'Uzès, et c'est ce que M. Labaume propose d'opérer comme suit : « En partant du point appelé les Au- » gustines et les Augustins, le ruisseau qui coule de » Seynes à Belvezet a une pente constante jusqu'à » Serviès. Au-dessus de ce village, entre Fossargues » et St-Médiers, le Seynes est resserré entre deux » montagnes, de sorte qu'on pourrait le barrer et » élever ses eaux à une hauteur suffisante pour les » faire couler au pied du mamelon de St-Médiers, et » de là dans le ruisseau qui coule entre *Varangle* et » *Mas-Blanc*, *Latour* et *Aspedon*. Or, ce ruisseau se » jette dans celui de St-Quentin qui, comme on sait, » se réunit à la fontaine d'Eure. »

Je ne crois pas que la dépense pût être un obstacle à la réalisation de ce projet. La rivière du Seynes donnerait bien cinq cents pouces d'eau à l'étiage, et pour peu qu'on en prît à celles d'Eure et d'Airan, on en aurait assez pour Nismes sans qu'Uzès pût en souffrir. Mais, pourrait-on priver de l'eau du Seynes, Serviès,

Arpaillargues, Sagriès? C'est toujours l'objection qui se présente quand on veut détourner un cours d'eau dans un pays aussi sec que le nôtre.

M. Labaume énonce encore une autre idée. — « Il » est probable, dit-il, que l'étang de La Capelle est » entretenu par des sources qui n'ont point d'écoule- » ment. La hauteur de cet étang est de 170 mètres; » il serait donc facile d'ajouter ses eaux au volume de » celles que l'on ferait entrer dans les ruisseaux qui » forment, en se réunissant, celui d'Airan ou d'Au- » zon.

» Tel est le résultat de ma reconnaissance topogra- » phique. Comme il peut servir à l'accomplissement » du grand projet de Nismes, j'ai cru devoir le sou- » mettre à ses habitans et à ceux d'Uzès. Sans doute » mes recherches et mes indications en sont encore à » l'état de simple hypothèse; néanmoins, elles offrent » assez de probabilités pour mériter une attention ré- » fléchie. »

Quant à moi, après m'être formellement prononcé contre l'idée de notre auteur, d'amener l'eau du Cèze à Uzès; — après n'avoir trouvé d'objection au projet de réunir l'eau du Seynes à la fontaine d'Eure au-dessus d'Uzès, que dans les besoins des trois villages que j'ai nommés, et des lieux environnans; — arrivant au projet d'amener à Uzès les eaux de l'étang de La Capelle, je n'y trouve aucun inconvénient si leur quantité en vaut réellement la peine.

Si cet étang peut fournir de l'eau en abondance, soit par les sources qu'il renferme, soit comme réser voir suffisant des eaux pluviales d'hiver qu'on prendrait petit à petit pendant l'été ; si l'on peut en extraire ainsi quatre ou cinq cents pouces pendant les trois mois de sècheresse, ce serait une ressource bien précieuse et notre grand problème serait résolu. On conduirait ces eaux à l'affluent du ruisseau d'Airan le plus voisin, et elles iraient ainsi, presque sans frais, à la fontaine d'Eure. Ces cinq cents pouces qu'on aurait confondus avec les eaux d'Uzès et jetés dans leur bassin, on aurait le droit de les reprendre à la naissance de l'aqueduc romain, et Nismes recevrait, par ses canaux antiques, des eaux suffisantes qui arriveraient sans machines et par une pente naturelle.....

M. Labaume se prononce vivement contre les moyens mécaniques. « On ne doit point le perdre de » vue, dit-il, de pareils agens pour fournir des eaux » à Nismes n'auraient pas d'heureux résultats; il faut » à cette grande et belle ville une eau constante, per» pétuelle, c'est la seule manière d'y faire prospérer » les fabriques et l'agriculture. Si le canal s'effectuait » tel que je le conçois, ce but serait d'autant mieux » atteint qu'on pourrait y ajouter l'écoulement des » ruisseaux de Lafoux, de St-Bonnet, de Ledenon et » de Cabrières, et que le superflu de toutes ces eaux, » au moyen d'une sage économie, pourrait encore » aller arroser la magnifique plaine du Vistre.

» Bien plus, la ville d'Uzès pourrait, elle aussi, » acquérir un grand degré de prospérité en échan» geant les eaux du Cèze pour celles de la fontaine » d'Eure. De la prise d'eau du Cèze à l'Esplanade

» d'Uzès, il y a une pente d'environ sept mètres; ce » serait suffisant pour établir des fontaines jaillissan- » tes, surtout si, aussi habiles que les Romains, nous » ne donnions pour la canalisation qu'*un dix mil-* » *lième* de pente. Alors, les eaux, après avoir servi » aux besoins des habitans, seraient recueillies sous la » terrasse de l'Evêché, et de là, retombant en cas- » cade dans le parc, elles donneraient de puissans » moteurs pour accroître la force de tous les moyens » mécaniques employés pour les usines et fabriques » que renferme la vallée d'Eure.

» Au surplus, quoique les travaux que j'indique » paraissent gigantesques, ils seraient pourtant d'une » exécution facile, aujourd'hui que les loisirs de la » paix laissent au gouvernement la faculté de suivre » l'exemple des Romains et d'employer nos soldats, » hommes pleins de force et d'intelligence, aux ou- » vrages qui peuvent contribuer à la prospérité pu- » blique. »

Telles sont les idées de M. Eugène Labaume. Je me suis déjà prononcé contre le projet de détourner les eaux du Cèze, et je ne crois pas qu'Uzès puisse jamais voir dans ses murs des eaux de cette origine.

La pente des aqueducs romains réduite à un dix millième de leur longueur est une hypothèse gratuite;

Les ruisseaux de Cabrières et de Ledenon sont à sec pendant l'été;

Celui de Lafoux n'est autre que celui de St-Bonnet; tous deux, d'ailleurs, sont plus bas que l'aqueduc romain;

Le gouvernement a toujours montré une grande répugnance à employer ses soldats aux travaux civils ;

C'est une idée chimérique que de croire que le peu d'eau qu'on amènerait à Nismes, à grands frais, vivifierait l'agriculture de la plaine du Vistre. — Rayons tout cela de nos espérances.

Et moi aussi, je voudrais, comme M. Labaume, de l'eau pour Nismes plutôt par un canal à pente que par des moyens mécaniques ; mais, où la prendre? Boucoiran est le seul point de départ qu'on ait réellement étudié, mais M. Labaume soutient qu'on n'aurait là que trop peu d'eau, tandis que je soutiens de mon côté qu'elle coûterait trop cher à conduire. — Si nous ne pouvons en prendre à Uzès, il ne nous reste donc que Lafoux, et à Lafoux il faut une machine.

Après l'examen consciencieux des projets de M. Simil et de ceux de M. Labaume, la question reste pour moi ce qu'elle était avant, je conserve l'intégrité de mes opinions et je soutiens encore :

Qu'il faut d'abord réparer l'aqueduc du Gard, de Nismes à Lafoux ;

Acheter les moulins de Lafoux et en employer la chute à élever trois ou quatre cents pouces d'eau, ce qui, pendant bien longtemps, peut nous suffire.

Quand nous serons plus riches nous pousserons au-delà. Les douze ou quinze cents mille francs dépensés auront déjà produit des ouvrages utiles, soit que plus tard nous voulions établir à Lafoux même des machines à vapeur, — soit que nous voulions utiliser les chutes de St-Privas, ou aller à Uzès pour prendre les eaux de la fontaine d'Eure, les eaux de la rivière de Seynes ou celle de l'étang de la Capelle. Si celles-ci sont abondantes en été, ce dernier parti me semblerait le meilleur.

Au moment où je vais quitter la plume pour prendre un peu de repos, si quelqu'un me demande quel est le résultat des études auxquelles je me livre sur le terrain depuis plus d'un an, quel est le résultat de mes recherches sur les idées de mes devanciers, en un mot, quelle est mon opinion *actuelle* sur la grande question des eaux,

Je répondrai :

Si l'on met à l'écart toutes les idées erronées, tous les projets radicalement inexécutables ou improductifs, trois systèmes seuls restent en concurrence, devant coûter plus ou moins d'argent, pouvant fournir plus ou moins d'eau :

I.

Le premier système est celui des tranchées dans la vallée du Vistre, soit depuis Lognac jusqu'à Nismes, soit de Nismes à Bouillargues. — Si je ne me prononce pas exclusivement pour ce moyen économique, ce n'est pas que, comme beaucoup de gens, je redoute la machine à vapeur nécessaire pour élever les eaux. Une machine qui élèverait de dix ou vingt mètres de profondeur deux ou trois cents pouces d'eau n'aurait rien d'extraordinaire ; sa dépense en combustible, son entretien aux portes de la ville seraient peu de chose aussi ; là n'est pas l'objection sérieuse.

Je ne crains pas que l'eau manque non plus, tous les genres de preuves établissent qu'une lame d'eau se trouve partout, à une petite profondeur, dans la vallée du Vistre.

Ce qui me préoccupe, le voici : —Je crains qu'une longue tranchée, coupant la vallée, soit en travers, soit dans le sens de sa longueur, n'appelle au contraire trop vivement les eaux ; je crains qu'un puisage continu de deux ou trois cents pouces ne soutire ce qui est d'une utilité indispensable, soit à la ville, soit aux jardins potagers, soit aux campagnes voisines.

Qui nous dit, en effet, que l'aspiration incessante que nous établirons n'appellera pas petit à petit les eaux voisines qui filtrent dans les sables et les galets, de manière à dessécher d'abord les norias environnans, puis les autres de proche en proche, et peut-être plus tard les puits de la cité ? Ce serait un inconvénient grave, et, pour l'éviter, il serait prudent de ne pas conduire les tranchées trop près de la ville et des jardins.

Au reste, on pourrait à peu de frais tenter une expérience qui donnerait des indications utiles, soit sur la quantité d'eau qu'on aurait à espérer, soit sur les effets d'un puisage continu par rapport aux propriétés voisines ; voici comment :

Sur le puits à roue *Renaud*, signalé comme le meilleur de nos environs, on va établir une machine à vapeur pour le service du chemin de fer de Montpellier ; la ville obtiendra du gouvernement, avec facilité, qne cette machine tire, pendant un été, de ce puits tout ce qu'il pourra fournir. Si durant la sècheresse il donne sans interruption vingt ou trente pouces d'eau, sans que les norias voisins éprouvent un abaissement sensible, alors il sera infiniment probable qu'une tranchée, plus ou moins étendue, pourra fournir les deux ou trois cents pouces d'eau qu'on désire, et on devra peu craindre, en se mettant à l'œuvre, de préjudicier à ce qui existe.

II.

Si les gens sages et prévoyans objectent que ces tranchées et ce puisage sont un moyen nécessairement borné, dont on ne peut augmenter les produits à volonté et qui ne pourrait satisfaire aux besoins de l'avenir ; — si l'on pense que, dans un pays sec, il ne faut pas épuiser les eaux qu'on a, mais qu'il vaut mieux en amener de nouvelles ; — si malgré l'expérience indiquée, on redoute encore de nuire par un puisement actif et continu, soit à la ville, soit aux jardins potagers, soit même aux campagnes voisines ; — si l'on veut absolument prendre de l'eau au Gardon et la conduire directement de Boucoiran, je répèterai : « la chose est exécutable ; gardez-vous seu-
» lement de croire à la simple dépense de deux mil-
» lions et demi, résignez-vous à dépenser six millions ;
» ne comptez pas sur un produit de six mille pouces,
» vous en aurez au plus deux mille. »

Si l'on persiste, je dirai encore : ne vous pressez

pas d'adopter pour vos percés les lignes, soit de M. Delile, soit de M. Valz, soit de M. Perrier; il y a de nouvelles études à faire sur les lieux; il convient, avant de rien décider, qu'une comparaison critique, approfondie, établisse laquelle de ces lignes est préférable; il faut examiner de plus si l'on n'en peut pas indiquer une nouvelle présentant moins d'obstacles et d'inconvéniens.

Jusqu'ici, on a voulu arriver sur Nismes par le chemin le plus court qui n'est peut-être pas le meilleur; changeons les conditions du problème et voyons si la solution n'en sera pas plus facile. La restauration de l'aqueduc romain coûterait si peu de Nismes à St-Bonnet que toute eau qu'on amènerait dans cet aqueduc pourrait être considérée comme arrivée à Nismes. Dès lors, un champ plus étendu s'ouvre à nos recherches, nous ne sommes plus obligés de nous diriger de Boucoiran sur un seul point, nous avons pour but une ligne transversale de trois lieues de longueur probablement plus abordable. Il y a bien plus de chances ainsi de trouver, pour traverser la chaîne, un passage facile et moins dispendieux. Etudions donc encore cette chaîne dans tous les sens pour mettre un peu mieux en rapport avec nos ressources financières un projet contre lequel je persiste à faire toutes les objections que j'ai déjà plusieurs fois énoncées.

III.

Quant à moi, après avoir protesté autant que je le puis contre le projet d'amener à Nismes les eaux du

Gardon par la rive droite, — si le projet des tranchées dans la plaine du Vistre est rejeté, je crois qu'il faut :

Restaurer d'abord l'aqueduc romain jusqu'à Lognac ;

Rétablir l'étang de Lognac ;

Restaurer l'aqueduc jusqu'à Lafoux ;

Etablir à Lafoux une machine hydraulique mue par le Gardon, et des pompes mues par la vapeur. Ce sera assez pour la génération actuelle et vingt-cinq ans suffiront avec cent mille francs tous les ans.

Voudra-t-on plus tard obtenir davantage? On peut mener par un canal les eaux de St-Privas et de Labaume, et ménager assez la pente pour obtenir une chute qui élève encore de l'eau en abondance dans l'aqueduc, soit au Pont-du-Gard, soit à Lafoux.

Si l'on passait le Pont-du-Gard et qu'on restaurât l'aqueduc romain jusqu'à Uzès, il ne serait pas impossible de racheter la moitié des eaux de la rivière d'Eure ; il ne serait pas impossible de prendre à peu de frais les eaux de l'étang de La Capelle et celles de la rivière de Seynes, à Arpaillargues.

Quant au Gardon, il serait beaucoup plus facile d'en conduire les eaux à Uzès au travers des communes de Cruviers, Moussac, St-Chaptes, Ste-Eulalie, Bourdic et Arpaillargues, que de les conduire, par la rive droite, de Boucoiran à Nismes ; d'un côté tout est plaine, de l'autre tout est rocher. Et, quand une fois l'aqueduc romain serait rétabli, ce serait être à Nismes que d'atteindre une partie quelconque de son parcours.

On voit donc que, modeste et économique si on le veut, notre projet est pourtant susceptible de prendre les plus grandes extensions et de satisfaire aux exigences les plus ambitieuses. Comme on n'agira que progressivement et par entreprises successives, on ne compromettra pas l'avenir financier de la ville; il suffira toujours de prendre cent mille francs par an sur les ressources ordinaires, et l'on rejettera le moyen dangereux de l'emprunt.

Mais il faudra, me dira-t-on un siècle pour venir à bout de tout cela. — Qu'importe si l'on supporte la dépense sans aucune gêne, et si de cinq en cinq ans on obtient un produit correspondant à la somme dépensée et dépassant tous les besoins ?

Il ne faudra pas un siècle, d'ailleurs, soixante-dix ans suffiront, et la ville obtiendra ainsi peu à peu six mille pouces d'eau pour sept millions versés seulement par cent mille francs chaque année, sans se charger d'aucune dette.

Quant au projet que nous combattons, de Boucoiran à Nimes, s'il était adopté, s'il était réalisé en dix ans et coûtait six millions, — ce qu'on aurait pris dans la caisse municipale ou emprunté, ne s'élèverait pas au bout de nos soixante-dix ans, intérêts compris, à moins de *vingt-deux millions*, et la ville grevée de plus de *six millions* de dette capitale aurait à payer perpétuellement *trois cent mille francs par an* pour l'intérêt...

La différence vaut encore la peine qu'on y réfléchisse.

DES PERPLEXITÉS

DE LA VILLE DE TOULOUSE,

ET DE LA SOLUTION QU'ELLE A DONNÉE AU SYSTÈME DE SES EAUX.

Quand on s'occupe depuis longtemps avec anxiété d'une question aussi importante que difficile, quand on cherche la solution d'un problême de ruine ou de prospérité pour une ville considérable, quand on flotte incertain entre plusieurs projets émanés d'hommes capables, quelle satisfaction n'éprouverait-on pas si l'on découvrait un livre à la fois court et substantiel qui jetât sur le sujet une vive lumière ;

Un livre, dont l'auteur eût pour lui l'autorité de la raison, d'une science incontestée et d'une haute position dans la carrière spéciale des travaux publics ;

Un livre, qui contiendrait l'histoire de tous les moyens proposés depuis les temps les plus reculés, pour donner de l'eau à une ville qui en manquait comme la nôtre ;

Un livre, semblable à celui que nous écrivons, qui justifierait notre entreprise, tant par son existence que par le nom de son auteur ; un livre, enfin, où les motifs d'élimination pour certains projets seraient des argumens comme les nôtres, où les motifs d'exécution seraient les mêmes que nous produisons.

Ce livre, nous l'avons heureusement rencontré : c'est l'*Histoire de l'établisement des fontaines à Toulouse*, par M. l'ingénieur en chef Daubuisson de Voisins. Outre l'exposition des projets de toutes les époques, ce livre contient le choix rationnel auquel on dut se fixer ; mais il contient beaucoup mieux encore, puisqu'on y trouve l'histoire de l'exécution la plus heureuse et la plus complète. A l'autorité du raisonnement vient donc se joindre l'autorité des faits accomplis. Les opinions de M. Daubuisson sont comme un bouclier sous lequel j'aurais dans tous les temps abrité ma faiblesse avec confiance, mais l'exécution et le succès sont choses plus concluantes encore, et que je puis maintenant donner à l'appui de mes idées.

Trouverait-on mon ouvrage inutile ? — Dans une position pareille un homme éminent crut devoir aussi éclairer ses compatriotes par une semblable publication. Critiquera-t-on mes opinions ?—Un ingénieur habile les a déjà fait prévaloir pour la ville de Toulouse, l'exécution a répondu à ses promesses, la quantité d'eau fournie a été ce qu'il avait annoncé, ce qui n'arrive pas toujours, et la dépense, ce qui est bien plus rare encore, n'a pas dépassé ses prévisions et ses devis.

De pareils faits ont plus d'autorité que tous les raisonnemens du monde. Dans l'ouvrage de M. de Voisins je trouve un exemple, un encouragement, un point d'appui précieux, et, dans l'analyse que je vais en donner à mes lecteurs, ils trouveront, je l'espère, par une connexion toute naturelle, des enseignemens propres à former leur opinion, sur la question des eaux de Nimes.

Toulouse, située sur les deux bords de la Garonne, comme Nimes auprès de la Fontaine, manquait d'eau limpides, élevées à une hauteur suffisante pour ses rues et ses places publiques ; et Toulouse souffrait de cette privation plus encore que Nimes ne souffre, car, pour elle, tout était à acquérir, tandis que Nimes pour les eaux, n'a besoin que d'un supplément.

Comme nous, la capitale du Languedoc avait eu dans tous les temps ses faiseurs de projets et ses utopistes.

La recherche des sources de *St-Etienne* et de *Guillemery* ressemblait beaucoup à celle de nos *Trois-Fontaines* et de notre *Puits-Couchoux*.

Amener les eaux marécageuses du canal du Languedoc avait beaucoup d'analogie avec le projet de prendre les eaux dans le canal Calvière ;

Dériver la Garonne au-dessus de Muret pourrait se comparer, quoique en petit, à la dérivation du Rhône.

On voulait prendre les eaux sur les penchans du plateau d'*Ardenne*, comme chez nous du côté de Bouillargues, de Bezouce ou de Paza.

On voulait les amener de Castelnaudary, de la montagne Noire, de St-Ferréol, comme nous d'Uzès, du Cèze, de l'étang de La Capelle.

De l'Ariège, comme nous de l'Ardèche ou du Vidourle.

On voulait même, pour que rien ne manquât à la ressemblance, restaurer un ancien aqueduc romain avec des arcatures plus étendues que celles de Vers et du Pont-du-Gard.

Après bien des débats on s'est tout bonnement contenté de puiser dans la Garonne qui était le cours d'eau le plus voisin; on a élevé cette eau au moyen d'une machine mue par le courant lui-même. Nous en ferons autant un jour et nous prendrons à Lafoux l'eau du Gardon, auquel nous demanderons aussi la puissance motrice. C'est le parti le plus facile et le plus économique. Pour le prouver mieux encore par l'exemple que par le discours, je commence l'analyse du mémoire de M. de Voisins.

I.

Toulouse est, comme Nimes, dans une position peu favorable pour se procurer de l'eau. — Au nord se trouve une plaine grande et basse. — Au sud, un terrain élevé compris entre le canal et la Garonne, mais dépourvu de sources et éloigné d'une demi-lieue de la ville. — A l'ouest on rencontre le grand plateau des *Ardennes* sur lequel naissent plusieurs sources; mais une plaine basse d'une lieue de largeur le sépare de Toulouse, et, pour maintenir le niveau, il faudrait un pont aqueduc de plus de demi-lieue de longueur et qui aurait au moins une hauteur de vingt-cinq pieds.

Les Romains avaient réalisé cette gigantesque entreprise que la tradition du moyen-âge rapportait à la *reine Pédauque*; ils avaient fait un pont de deux mille toises de longueur supporté sur huit cents arcades pour amener les eaux de *la Cypière*. Du côté de l'est, le coteau de *Guillemery* domine le quartier de St-Etienne, mais ce coteau, peu étendu, ne fournit qu'une petite quantité d'eau de mauvaise qualité. Ce n'est pourtant que là, depuis les Romains, qu'on a cherché de l'eau pour la ville de Toulouse.

On se contenta d'abord de simples tranchées, puis, les Romains, selon les uns, plus probablement les chanoines de St-Etienne avant le treizième siècle, firent percer des galeries souterraines de 1,800 mètres de longueur, qui fournirent de l'eau pour une fontaine.

En 1433, l'eau ne venait plus, les aqueducs étaient oubliés, inconnus, et ce n'est que de l'existence de la fontaine *à sec* que l'on pût conclure la leur et qu'on fût à la recherche. « On aperçut une première » pierre recouvrant un puits *terrible* dans lequel trois » hommes entrèrent avec des torches. Les canaux se » continuaient bien loin ; mais l'effroi, l'épouvante » qu'éprouvaient les hommes qui y étaient descen- » dus les empêchaient d'aller plus avant.... L'admi- » ration était si grande que toute la ville venait con- » sidérer les travaux, non-seulement les jours de » fête, mais les jours ouvrables. »

C'est ainsi que s'exprime, mais en langue romane, un acte du quinzième siècle.

Il ne paraît pas que cette réparation des aqueducs

de St-Etienne fût efficace pendant longtemps, car, en 1649, depuis bien des années, la fontaine avait cessé de couler et il fallut s'en occuper de nouveau.

En 1719, il fut encore nécessaire de ramener les eaux : de nouveau l'existence de la petite fontaine ou du *Griffon* attestait seule qu'elles y avaient coulé. On rouvrit alors, on visita et répara les aqueducs souterrains de *Guillemery* dont on avait encore perdu tout souvenir. On les prit pour une merveille de l'antiquité la plus reculée, « *dont on ne trouve l'indice dans* » *aucun monument historique*, » disent les annales de cette année (1719). Les Capitouls en firent lever le plan et l'exposèrent en public. On pensa que ces aqueducs avaient coûté au moins douze cent mille francs ; on dépensa trente-cinq mille francs en réparations, et l'on n'obtint qu'un pouce d'eau pendant la sécheresse.

En 1769, on dépensa, sans succès, encore cinquante trois mille francs aux aqueducs de St-Etienne. De nouvelles dépenses ont été faites depuis, sans qu'on ait obtenu de meilleurs résultats : tantôt on avait un peu d'eau, tantôt pas du tout. En 1823, on employa six mille francs, et, en 1826 la fontaine ne coulait plus.

On a donc employé près de deux millions de notre monnaie pour n'avoir qu'un maigre filet de mauvaise eau, et par intervalle seulement.

Cet exemple doit tenir en garde ceux qui seraient partisans exagérés pour Nimes des sourcilles des environs ou des eaux souterraines de la vallée et qui compteraient trop sur leurs produits; rien n'est variable comme celui des sources. A la vérité celui des rivières l'est aussi, mais beaucoup moins, car, comme elles sont formées de la réunion d'une infinité de sources qui ne sont pas soumises à la fois aux mêmes influences, et qui toutes ne croissent pas et ne décroissent pas en même temps, les rivières doivent naturellement présenter un étiage moins précaire.

A Toulouse, en divers temps, plusieurs autres sourcilles ont été cherchées, fouillées et conduites à grand frais dans le quartier de St-Etienne et les autres parties inférieures de la ville, sans plus de succès et de durée.

On le sent, tous ces moyens étaient trop insignifians pour une population de plus de cinquante mille âmes, et un de ses premiers besoins restait encore à satisfaire. Il est probable qu'on s'en était occupé depuis que Toulouse était une ville considérable ; cependant, sauf l'existence de l'aqueduc romain, de ceux de St-Etienne et de quelques travaux aux sources voisines, il ne nous reste rien, et tout ce que nous disent nos annales à ce sujet, est très-vague jusqu'au dix-septième siècle.

A Nimes, le patriotisme a été plutôt éveillé, ou bien nos historiens ont été plus fidèles conservateurs des projets anciens que ceux de Toulouse, comme on l'a vu dans notre première partie..

En 1612, un Italien proposa aux habitans de la cité Palladienne, d'élever les eaux de la Garonne, à l'aide de machines. On rejetta son projet à cause de la dépense, et parce que ces eaux sont presque toujours sales.

A la même époque, l'architecte de l'église Saint-Etienne proposa d'amener les sources des Ardennes, mais cette ouverture n'eut pas de suite.

On revint à cette idée en 1667 ; le devis fut dressé, agréé et adjugé. L'entrepreneur devait conduire vingt-cinq pouces d'eau pour quarante mille francs, et on lui donnait encore deux mille livres pour chaque pouce d'eau qu'il amènerait en sus. Mais ses travaux furent mal exécutés, on les suspendit, ils ne furent pas repris. On observa que, faute d'avoir suivi de bons plans, la conduite des eaux de l'Ardenne avait été commencée et abandonnée plusieurs fois, depuis un siècle.

Un Marseillais proposa, cinq ans après, de porter trois pouces d'eau au-delà du pont, à l'aide d'un aqueduc. Il demanda huit mille francs qui lui furent accordés ; mais il ne put faire parvenir qu'un demi-pouce d'eau au-delà du fleuve ; n'ayant pu conduire l'eau dans l'intérieur de la ville, on se restreignit au faubourg St-Cyprien, et les trois pouces alimentètèrent une fontaine qu'on construisit au pied du pont.

Les mécomptes qu'on avait eprouvés ne découragèrent pas. L'administration municipale décida, en 1684, que les eaux de l'Ardenne seraient conduites dans la ville, à l'aide d'un grand aqueduc porté sur des arceaux, et l'on commença à creuser le grand réservoir dans lequel elles devaient d'abord se réunir.

— Mais bientôt quelques personnes observèrent qu'il serait plus convenable et plus économique de les conduire dans des tuyaux ; — d'autres soutinrent qu'il valait mieux élever les eaux de la Garonne et les laisser séjourner dans un grand bassin de clarification. — On nomma des commissaires pour examiner ces divers projets, et, comme il n'arrive que trop souvent, pour concilier des opinions ou prétentions contraires, on ne fit rien.

Toutefois, en 1687, les Capitouls essayèrent de remettre à exécution le premier projet, mais cette tentative fut vaine, et de longtemps il ne fut plus question de la conduite des eaux de l'Ardenne.

En 1750, un Flamand, nommé Brossard, présenta le modèle d'une machine propre à élever celles de la Garonne à une hauteur suffisante pour qu'elles fussent ensuite distribuées dans toute la ville. Les Capitouls, l'Académie des sciences examinèrent cette machine qui n'était qu'un *noria* mû par une roue à aubes, à l'aide d'un double engrenage. On en établissait deux, montant chacun vingt-cinq pouces d'eau préalablement filtrée, à quarante-deux pieds de hauteur. Ces cinquante pouces d'eau étaient distribués à sept fontaines élevées sur les places principales. La commission estima la dépense à 133,180 f. Brossard reçut une gratification de six cents francs, et rien ne fut exécuté.

En 1761, le cordelier François Lefèvre, versé dans les constructions hydrauliques, qui venait d'établir à Narbonne une machine pour élever les eaux, présenta un premier projet pour des fontaines à Toulouse. Une roue à aubes, mûe par la Garonne, menait quatre pompes de dix pouces de diamètre, à l'aide desquelles il élevait 147 pouces d'eau à 57 pieds de hauteur. Cette eau était versée dans un grand réservoir où elle se clarifiait par dépôt, et d'où elle était ensuite distribuée à 47 fontaines établies dans les différentes parties de la ville, par des conduites en fonte de fer renfermées dans de petites galeries en maçonnerie et sur lesquelles se branchaient des conduites en plomb d'un diamètre inférieur ; le tout devait coûter 446,680 fr.

Quoique M. Daubuisson ne l'énonce pas, ne voit-on pas clairement dans le projet du père Lefèvre le germe de celui qui, plus tard, a été jugé le meilleur et a été exécuté, avec beaucoup de modifications avantageuses, sans doute, mais ayant encore une grande ressemblance avec celui dont il dérivait. Ce seul exemple prouve évidemment l'importance des études historiques dans des questions de ce genre.

Toutefois, en 1763, l'idée heureuse de l'hydraulicien ne fut point acceptée ; on objecta principalement la saleté ordinaire des eaux de la Garonne et l'insuffisance des moyens de clarification proposés; on observa, sous ce rapport, que les eaux de l'Ardenne seraient préférables. L'administration ne les perdait pas de vue ; en 1755, elle avait encore fait une tentative à leur sujet.

Le frère Lefèvre se rendit sur les lieux; il y jaugea et nivela les différentes sources et trouva que celles qu'on pouvait amener dans la ville fournissaient environ 72 pouces d'eau ; il proposa de les recueillir et de les conduire par deux petits aqueducs en maçonnerie. Il les distribuait ensuite à 47 fontaines comme dans son premier travail. Le montant des ouvrages à faire s'élevait à 358,272 fr. ; on aurait eu à payer de plus l'achat des sources et les indemnités pour les terrains à prendre ou à traverser.

Au reste, l'auteur lui-même fut peu satisfait de ce second projet. L'insuffisance des eaux de l'Ardenne pour une grande cité, la difficulté de les obtenir des propriétaires, les variations qu'elles pouvaient éprouver et qui les auraient peut-être reduites outre mesure, ainsi qu'il était souvent arrivé à la fontaine de St-Etienne, lui inspiraient des craintes, et il présenta un troisième projet qui était en quelque sorte une combinaison des deux premiers.

On voit que, dans des sujets aussi difficiles, les hommes les plus habiles, quand ils sont de bonne foi, et qu'ils cherchent dans une entreprise autre chose que l'argent qui peut leur en revenir, sont souvent amenés à modifier leurs premiers avis par des études plus approfondies. Leurs idées doivent changer à mesure qu'ils connaissent mieux tous les élémens de la question : loin d'être une marque d'ignorance ou de légèreté, ces variations annoncent que la conscience impose silence à l'amour-propre. Ce sont de pareils hommes qu'il faut prendre pour guides, puisqu'ils cherchent la vérité avec persévérance, et ne craignent pas de se rétracter quand ils en ont perdu la trace.

Dans son troisième projet, le frère Lefèvre prenait les eaux des Ardennes, il les conduisait par de simples canaux jusques au pied des tours du pont, et là il établissait une machine hydraulique pour élever non-seulement ces eaux, mais encore celles de la Garonne, soit toutes en même temps, soit chacune d'elles séparément et à volonté. Chaque sorte d'eau était portée dans une cuvette particulière au haut des tours : celle des Ardennes se rendait à 43 fontaines et celle de la rivière était amenée par des conduites particulières sur les cinq principales places pour y servir d'embellissement, mais nullement pour la boisson.

Les eaux de la Garonne devaient être dérivées par un canal de deux mille neuf cent toises : à leur arrivée sur la machine, elles y tombaient de plus de 10 pieds de hauteur, et, immédiatement après, elles étaient rendues à la rivière. Ces divers ouvrages étaient évalués à 421,163 fr. L'auteur présentait une compagnie qui se chargeait de les exécuter à ce prix, et, ensuite, de les entretenir à un taux modique pendant un certain nombre d'années.

Les divers projets du frère Lefèvre furent rendus publics par la voie de l'impression : bien qu'imparfaits et même défectueux sous quelques rapports, ils n'en montrèrent pas moins, dans leur auteur, beaucoup de moyens et d'imagination. Les devis prouvent qu'il était expérimenté dans l'art du fontainier ; enfin, les calculs relatifs à la force des moteurs employés et à la quantité d'eau à élever, montrent encore qu'il était à la hauteur des connaissances hydrauliques de son époque.

M. Daubuisson aurait pu ajouter que si, en 1827, on n'eût pas rencontré un banc de gravier qui a pu servir de filtre naturel pour les eaux de la Garonne, le parti le plus convenable eût été, dès-lors, de suivre l'idée de notre auteur, d'amener les eaux de l'Ardenne au pied des pompes, et de les élever au moyen d'un moteur que le fleuve aurait fourni.

Malgré la supériorité relative de ces plans, il ne leur fut donné aucune suite, et la question agitée depuis près de quatre siècles resta encore sans solution.

II.

Cependant, une des nécessités de la ville de Toulouse restait encore à satisfaire ; l'Académie en fit le sujet du prix qu'elle proposa en 1780 pour 1783. La question à résoudre était : « Déterminer les moyens » les plus avantageux de conduire dans la ville de » Toulouse une quantité d'eau suffisante, soit des » sources éparses dans son territoire, soit du fleuve » qui baigne ses murs, pour fournir en tous temps, » dans les différens quartiers, aux besoins domesti- » ques, aux incendies, à l'arrosement des rues, des » places, des quais et des promenades. »

Le prix fut de trois mille quatre cents francs, *et l'on mit à la disposition des concurrens tous les anciens plans, projets et documens, relatifs aux fontaines, qui étaient dans les archives de la ville.* C'est un exemple bon à citer : il eût été utile qu'on en fît autant à Nimes dans les divers concours qui ont eu lieu sur la question des eaux. — Aucun des mémoires adressés n'ayant rempli les vues de l'académie, le concours fut prorogé jusques en 1785 ; mais encore à cette époque aucun des ouvrages reçus ne fut jugé digne du prix.

Parmi les juges du concours, il en était un qui avait fait une étude particulière de la question proposée : c'était M. de Garripuy, directeur des travaux de la province. Malheureusement son travail a été égaré, mais on sait par tradition que la question y était envisagée sous toutes ses faces.

Je ne puis m'empêcher de remarquer ici, en passant, la conformité bizarre de ce qui est arrivé à Nimes et à Toulouse à la même époque : — Dans les deux villes, en 1785, la même question est mise au concours. — Dans les deux villes, les juges ne sont satisfaits d'aucun des ouvrages produits. A Toulouse, M. Garripuy, directeur des travaux de la province, traite la question sous toutes ses faces, tandis qu'à la même époque, à Nimes, M. Delille aussi ingénieur de la province, fournit une solution du problème. — A Toulouse et à Nimes les travaux des ingénieurs des états s'égarent en même temps : la tradition conserve quelque chose de ceux de M. Garripuy, et nous avons enfin retrouvé quelques lambeaux de ceux de M. Delille.

On pouvait chercher à conduire à Toulouse un

puissant cours d'eau dérivé de l'une des rivières de la contrée ; sous ce rapport, M. de Garripuy prenait les eaux de l'Ariège à trois lieues en amont de Toulouse : il leur faisait traverser le coteau de Puech-David dans une galerie souterraine : elles suivaient ensuite un canal creusé dans les flancs du coteau, et puis un aqueduc supporté sur des arcades les menait à un château d'eau élevé au centre de l'Esplanade.

En second lieu, on pouvait tenter de mettre à profit les sources du voisinage, c'est-à-dire celles des Ardennes. M. de Garripuy les jaugea et les nivela en 1771. Le sieur Lefèvre avait trouvé, en 1762, aux sources hautes, 76 pouces ; aux sources basses, 30 pouces ; au total...... 106

En 1771, M. de Garripuy trouva : aux sources hautes, 69 pouces ; aux sources basses, 62 pouces ; au total......................... 131

En 1809, M. Virebent a trouvé : aux sources hautes, 60 pouces ; aux sources basses, 32 pouces; au total......................... 92

Enfin, on pouvait avoir de l'eau pour les fontaines en la puisant dans la Garonne et en l'élevant à l'aide de machines : ce savant académicien, qui s'était déjà occupé de cet objet en 1750, le traita de nouveau dans son mémoire.

Aucune disposition, même éloignée, ne fut prise pour l'exécution de l'un des trois projets que recommandait d'ailleurs la juste célébrité de leur auteur.

En voyant combien le besoin des fontaines était senti à Toulouse, et combien on les désirait ; en voyant les nombreuses tentatives que l'on a faites depuis des siècles pour se les procurer, tentatives toujours demeurées sans succès, on se demande quelles sont donc les causes de ce fait singulier?

Ces causes étaient, en partie, dans la forme de l'ancienne administration. Des magistrats en place pour un an seulement ne pouvaient suivre l'exécution des projets qu'ils auraient conçus : les idées de ceux qui avaient du zèle et des lumières échouaient l'année suivante devant les hommes ordinaires qui leur succédaient. La ville, dans les derniers temps de son administration, n'avait guère que quatre cent mille francs de revenu, et le moindre des projets pour un établissemeut général des fontaines, aurait exigé une pareille dépense. Ferai-je encore mention de ce sentiment assez commun même chez l'homme de talent, qui le porte presque à souhaiter que le bien ne soit pas fait s'il n'est pas fait par lui?

Une partie de ces causes agissant aussi de nos jours; il est probable que Toulouse aurait été privée, peut-être pour des siècles encore, de l'avantage inappréciable des eaux, sans une circonstance que nous devons faire connaître.

Un ancien magistrat, M. Lagane, doué d'un civisme et de vertus antiques, légua par son testament, — « cinquante mille livres à la ville pour y introduire des eaux de la Garonne, pures, claires et » agréables à boire, et, si cela ne se peut, les eaux des » fontaines voisines. Je ne répondrais pas, ajoute-t-il, » à tous les mouvemens de mon zèle, si je n'invitais

» mes concitoyens, au nom de la patrie, à contribuer
» aussi à la dépense d'une entreprise si essentielle,
» d'un objet qui intéresse la commodité et la santé
» des habitans, et qui, autant par son importance
» que par sa nécessité, mérite d'être exécuté avant
» tout autre ouvrage. . »

Tel est l'acte de patriotisme auquel Toulouse doit réellement l'exécution de ses fontaines publiques.

Pourquoi Nimes n'a-t-il pas eu le même bonheur? Comment, quelque riche citoyen, animé du feu du bien public, n'a-t-il pas légué par testament à la ville une somme considérable qu'on ne pourrait toucher, qu'au cas où, dans un délai déterminé, on y aurait amené une certaine quantité d'eau du dehors? Si un pareil legs avait été fait, depuis longtemps l'eau nous serait venue. Espérons que quelque citoyen généreux imitera le noble exemple de M. Lagane et contribuera ainsi efficacement à une décision trop attendue.

Qu'on ne suppose pas, toutefois, que l'esprit d'un civisme libéral manque aux habitans de Nimes : de beaux exemples prouveraient bientôt le contraire, même sans sortir de la question des eaux. Voici ce que j'ai trouvé daus nos archives.

Lorsqu'en 1774, l'Académie mit au concours la question des fontaines pour Nimes, un habitant donna la somme de mille francs, qui fut le prix de ce concours.

En 1788, lorsque la ville trouvant le projet Delille trop au-dessus de ses ressources, ouvrit un second concours pour se procurer des eaux par un moyen moins dispendieux et proposa pour cela un prix de trois mille francs, un autre citoyen, qui voulut garder l'anonyme, ajouta encore mille francs à ce prix.

Enfin, en 1785, Mgr l'évêque de Nimes fit annoncer au conseil de ville, par M. Martin maire, qu'une personne, qui ne voulait pas être connue, donnerait dix mille francs, à condition qu'on amènerait par un canal particulier une partie des eaux de la Fontaine à la place de la Bouquerie, pour que de là elle fût distribuée dans la ville.

Malheureusement, la révolution arrivant, Nimes n'a pu profiter des deux dernières de ces offres généreuses.

Je reviens à la ville de Toulouse. Après les grandes dissentions politiques, on se souvint du legs de M. Lagane dont les intentions furent d'abord interprétées dans le sens le plus étroit, puisqu'on ne pensa qu'à l'établissement d'une seule fontaine. Mais, en 1808, l'empereur Napoléon étant à Toulouse et voulant y laisser des traces de son passage et de sa puissance, il crut devoir placer une grande distribution d'eau au premier rang des biens qui pouvaient être faits à la cité. Un décret, rendu dans ses murs, porte : « Il sera dressé des plans et projets pour donner à la ville un nombre suffisant de fontaines publiques.... Il sera pourvu à la dépense, moitié aux frais du trésor public, moitié aux frais de la ville. » — Mais ses gigantesques entreprises, et bientôt de cruels revers le forcèrent à négliger ce qu'il avait projeté.

Le décret n'eut d'autres suites que deux mémoires, l'un, de M. Laupies, dans lequel cet ingénieur, *après avoir passé en revue les différens moyens de donner de l'eau à la ville*, se décidait en faveur de la dérivation des eaux de l'Ariège, déjà proposée par M. de Garripuy; le second, de M. Virebent, architecte de la ville, qui reproduisait le projet d'amener les eaux de l'Ardenne.

En 1812, M. Abadie adressa à la Mairie la première ébauche d'un travail qui depuis a été adopté.

En 1817, le legs de M. Lagane devint exigible, et le maire, M. de Villèle, rappella l'affaire au Conseil municipal.

Il était évident qu'il fallait renoncer à avoir des fontaines, ou ajouter à la somme léguée de beaucoup insuffisante; plusieurs répugnaient à s'engager dans des dépenses considérables; cependant, l'intérêt de la cité, le besoin d'eau généralement senti et la noblesse du legs de M. Lagane l'emportèrent enfin. Le 2 avril 1817, il fut décidé qu'on s'occuperait, sans délai, de l'établiseement d'une première fontaine et que le conseil voterait les fonds nécessaires. C'est alors que M. Daubuisson entra dans la commission *dite des Fontaines*, qui élut M. de Castellane pour son président.

III.

Le premier objet sur lequel il fallait se fixer était la quantité d'eau à distribuer dans la ville. Des supputations faites à Paris y indiquent une consommation de sept litres par individu et par jour ; cependant, pour une grande réunion d'hommes, en y comprenant les bains, les lessives, les lavages de toute espèce, le service des abreuvoirs, etc., on porte la dépense d'eau à vingt litres; ainsi, par mille individus c'est vingt mille litres, ou, ce qui est exactement la même chose, un pouce d'eau ; il en fallait donc cinquante pour les cinquante mille habitans de Toulouse. Il fallait de plus laver les rues et les égoûts ; on voulait des fontaines de décorations ; l'eau coulant la nuit, une partie en serait perdue. On fixa, en conséquence, à deux cents pouces d'eau, au moins, la quantité à répandre dans la ville. C'est à raison de quatre-vingts litres par tête.

En Angleterre, où l'on a de larges distributions d'eau dans toutes les grandes villes, M. Mallet ingénieur en chef compte :

Pour Londres..........................	80 litres.
Manchester..................	44
Liverpool..................	28
Glasgow..................	106
Edimbourg..................	62

Si, partant de ces exemples, nous voulons donner à chacun des habitans de Nimes le maximum d'eau porté sur ce tableau, nous trouverons :

Pour cinquante mille habitans, population que notre ville ne dépassera pas de longtemps, à cent pouces chaque comme à Glasgow, et cinq fois plus

qu'on n'a compté à Toulouse	250 pouces.
A épancher dans la ville, autant qu'à Toulouse, malgré le grand nombre de nos excellens puits, et bien que Nimes n'occupe pas en surface la moitié autant d'espace que la capitale du Languedoc. .	150
Total	400
Et, comme la Fontaine fournit déjà au moins cent pouces................	100
Nimes n'a besoin qu'on y conduise que	300 pouces.

On pourrait même, sans inconvénient, réduire cette quantité de moitié : nous aurions encore deux cent cinquante pouces à l'étiage, ce qui serait cinquante pouces de plus qu'à Toulouse, malgré la différence des deux villes. Ces cinquante pouces d'excédant compenseraient le voisinage de la Garonne, qui sert pourtant à très-peu d'usages, parce que ses eaux sont toujours troubles. Mais avec quatre cents pouces, la Fontaine comprise, nous pouvons dire avec assurance, que nous aurions de l'eau de reste.

Revenons au mémoire de M. de Voisins. Comment se procurer les deux cents pouces d'eau qu'il fallait à Toulouse? Ce fut la grande question dont on eut à s'occuper d'abord et dont on s'est exclusivement occupé pendant plusieurs années.

On a vu que, pendant quatre siècles, plusieurs projets avaient occupé les esprits ; *on les recueillit*, on invita les hommes de l'art qui étaient à Toulouse à en présenter de nouveaux, on les examina et les étudia, ils furent discutés ensuite dans une commission extraordinaire où l'on appela plusieurs membres du conseil municipal et les ingénieurs de la ville qui s'étaient occupés de questions de ce genre.

On agita d'abord les projets qui tendaient à conduire à Toulouse, par voie de dérivation, les eaux du voisinage ; on proposa et on soutint celui de prendre les eaux dans le canal des deux mers : on établissait la prise aux environs de Montgiscar où l'on est à trente pieds au-dessus du sol de la ville. Mais la mauvaise qualité des eaux, et l'interruption du service pendant un ou deux mois, ne permirent point d'accueillir ce plan.

On éloigna de même l'idée qui fut émise de remonter jusques à Naurouse pour prendre les eaux de la montagne Noire avant leur entrée dans le canal : lors même qu'elles eussent été prises au sortir de cette montagne, *le trajet jusqu'à Toulouse en eût altéré la qualité*, et les frais d'une telle entreprise n'eussent pas été en rapport avec les résultats. La longueur à parcourir est de 46,000 mètres.

Les petits cours d'eaux qui coulent à l'est de la ville n'offraient aucune ressource. Maigres filets dans les temps ordinaires, ils ne roulent que des eaux bourbeuses à l'époque des pluies, et ils sont à peu près à sec à l'étiage.

Pour avoir un volume d'eau considérable, il est évident qu'il faut le dériver de la Garonne ou d'un de ses affluens. M. Laupies revint, en conséquence, à ses idées de 1809. Examinant d'abord ce qui pouvait être fait sur la rive gauche du fleuve, il proposait de prendre les eaux à Muret. Il les menait ensuite jusqu'au pont sur un aqueduc de 10,600 toises supporté par de hautes arcades. — Mais l'énorme dépense, et le danger pour le pont de Toulouse de le faire traverser par un grand volume d'eau, lui firent rejeter ce projet.

En conséquence, il abandonnait la rive gauche, et, se portant à la rive droite, il établissait une prise d'eau sur l'Ariège à 10,000 toises en amont de Toulouse : il traversait le coteau par une galerie souterraine revêtue en maçonnerie, débouchait dans la vallée de l'Hers, menait ensuite les eaux sur le flanc oriental du Puech-David, et, par un aqueduc porté sur des arcades, il aboutissait au boulingrin. Ce projet était le plus grand qu'on pût proposer : la première idée en remontait à M. de Garripuy, mais il était en disproportion évidente avec les moyens de la ville livrée à ses propres ressources. Par un premier aperçu, M. Laupies estimait la dépense à quatre millions; mais, dit M. Daubuisson, *dans l'exécution elle pouvait aller bien au-delà.*

Monsieur Magués modifia ce projet : au lieu de 9,000 mètres de percé, il le réduisit à quatre mille placés même à une moindre profondeur, et, bien que la distance à parcourir fût portée à 31,000 mètres, cependant la dépense devait diminuer.

Un autre projet, moins dispendieux, de M. Magués encore, occupa longtemps la commission. En véritable ingénieur, M. Maguès avait soumis au calcul tout ce qu'il était possible de faire et avait fini par préférer une dérivation de la Garonne sur sa rive gauche. Lui aussi prenait les eaux au-dessous de Muret, mais il évitait par des détours l'énorme pont aqueduc de M. Laupies et pouvait fournir en route à de nombreuses irrigations. En face de la ville, il faisait traverser la vallée à deux cents pouces d'eau dans des tuyaux de fonte de 5,500 mètres de longueur, pour aboutir au pont. Il estimait la dépense à douze ou quinze cents mille francs, somme bien faible, alors que M. Virebent en demandait plus de sept cent mille pour ne mener que quarante pouces d'une distance bien moindre.

L'idée que M. Virebent reproduisit avec quelques amendemens était celle d'amener dans la ville les eaux des sources de l'Ardenne, idée qui avait dominé pendant deux siècles. Les soixante pouces que donnaient les sources hautes pouvaient être conduites dans la ville; les trente-trois pouces des sources basses ne pouvaient dépasser Saint-Cyprien. Il amenait les unes et les autres par une rigole à pente en maçonnerie, ou par des tuyaux de fonte quand il y devait avoir regonflement. Sa dépense s'élevait à 706 mille francs.

Plus tard, M. Virebent se réduisit à cinq cents.

On trouva que quarante pouces étaient bien peu, alors qu'on venait d'admettre que deux cents pouces étaient nécessaires, et cette quantité pouvait être réduite encore par les variations que les sources éprouvent si fréquemment. Il faudrait aussi augmenter la dépense de beaucoup pour l'achat des sources. On dut renoncer à ce projet.

On en vint enfin aux eaux de la Garonne à élever par des machines, comme le proposait M. Abadie. Ici, ce n'étaient plus de simples idées, de simples aperçus : ce mécanicien présentait un plan complet des pompes et roues hydrauliques qui puiseraient les deux cents pouces d'eau voulus et les porteraient à une grande hauteur. Mais, dans cette commission, comme dans celle qui avait été réunie en 1809, la prévention la plus défavorable régnait contre tout ce qui était machine. On ne cessait d'y dire et d'y répéter qu'étant continuellement sujettes à des réparations, le service des fontaines serait interrompu à tout instant; qu'en les employant on ne procurerait aux citoyens qu'une jouissance imparfaite et précaire.

Vainement M. Daubuisson en appela à l'expérience et à sa propre expérience : dans les manufactures d'Angleterre, presque tout le travail est exécuté par des machines, et il ne chôme pas plus souvent que dans les ateliers d'une autre espèce; dans presque toutes les mines, les eaux qui arrivent sans discontinuité au fond des chantiers d'exploitation, ne sont épuisées qu'à l'aide de pompes fort médiocres; si l'épuisement éprouvait une interruption notable les chantiers seraient noyés, les travaux y seraient suspendus, et ils ne le sont jamais.

On alléguait l'exemple de Paris, où les machines avaient été abandonnées pour les canaux; on pourrait, au contraire, et avec plus de fondement, aujourd'hui que l'expérience en a été faite, se prévaloir de ce qui a eu lieu dans cette même ville, où, après un essai malheureux, on vient de renoncer à l'eau des canaux pour revenir à celle des machines. Deux mille pouces d'eau de la Seine vont y être élevées à l'aide de quatre nouvelles pompes à feu.

Tout ce qu'on put obtenir dans cette première discussion, c'est que les machines, si on était réduit à les employer dans le moment, *ne seraient regardées que comme un moyen provisoire*, auquel on renoncerait dès qu'on pourrait lui en substituer un autre. Mais il était bien sûr que le provisoire une fois fait deviendrait définitif.

Dans cette discussion il ne s'agit que des machines mues par un courant d'eau. *Il n'y fut point question des machines à vapeur*; un premier aperçu avait fait voir, qu'outre les inconvéniens des autres, elles exigeraient annuellement *plus de soixante mille francs en charbon de terre*, et cette considération avait suffi pour y faire renoncer.

La conclusion finale de la commission extraordinaire fut, que chacun des grands projets dont il avait été question devait être présenté avec tous ses détails dans des plans et devis, et qu'à l'aide de ces pièces seulement il pouvait être prononcé avec une entière connaissance de cause.

Mais l'homme d'un esprit supérieur, M. de Villèle, qui était alors à la tête de l'administration municipale, vit bien que remettre à différens hommes de l'art, dont quelques-uns n'étaient pas dans sa dépendance, la confection des plans et devis d'après lesquels il serait pris une détermination, était prononcer en réalité un ajournement dont le terme pouvait être très-éloigné ; que le legs de M. Lagane se perdrait, et que Toulouse serait privée d'eaux et de fontaines.

Il vit que le mode de s'en procurer, qu'on ne voulait admettre que comme mode provisoire, *était cependant le seul qui fût en rapport avec les moyens pécuniaires de la ville*, le seul, en un mot, qu'on pût exécuter dans les circonstances où l'on se trouvait. Discutant un jour à ce sujet dans une réunion d'ingénieurs, après les avoir entendus il leur dit : « Messieurs, vous êtes fort savans et je ne le suis pas.
» Mais vous voulez de l'eau de la Garonne ; cette ri-
» vière passe dans vos murs : pourquoi aller chercher
» au loin ce que vous avez tout près? Les chutes d'eau
» de vos deux moulins ne vous fournissent-elles pas
» une force suffisante pour élever toute l'eau que vous
» voudrez ?....

Cette observation, dont la justesse est d'ailleurs si évidente, peut être regardée comme l'impulsion qui a lancé dans la direction suivie pour l'établissement des fontaines, et, sans les obstacles qu'y mettaient les formes administratives, M. de Villèle eût immédiatement traité pour des pompes avec M. Abadie.

IV.

La grande objection que l'on avait faite aux machines était d'être sujettes à beaucoup de réparations, ce qui devait donner lieu à de frequentes interruptions de service. On remédiait à ce mal, on le prévenait en établissant, au lieu d'une machine élevant les deux cents pouces d'eau demandés, deux machines donnant cent pouces chacune. Pendant qu'on réparerait l'une, le cas échéant, l'autre fournirait toujours au service, lequel, par cette disposition, ne serait jamais interrompu : il serait réduit à la vérité ; mais une telle réduction, qui ne serait jamais que momentanée, ne prendrait en rien sur les besoins réels des habitans ; ils recevraient toujours plus de cent pouces, et nous avons vu que cinquante étaient bien suffisans.

On désirait que cette eau pût servir à la décoration des places; il fallait donc qu'elle fût élevee à une assez grande hauteur au-dessus de leur sol, et l'on décida qu'elle serait portée à vingt pieds plus haut que la place Rouaix, partie culminante de la ville : c'était 61 ou 62 pieds au-dessus des moyennes eaux de la rivière.

Dans un premier aperçu, M. Abadie évaluait la dépense à soixante et dix mille francs pour les deux machines et le bâtiment qui devait les renfermer : on pensa, en conséquence, qu'une somme de quatre-vingt mille francs suffirait.

L'administration municipale publia un programme par lequel tous les ingénieurs et mécaniciens étaient invités à envoyer des projets de machines[1], pour élever, par deux équipages entièrement distincts, au moins deux cents pouces d'eau à une hauteur de soixante-un pieds. L'auteur du plan qui serait adopté devait en diriger l'exécution.....

Le terme du concours fut fixé au 1er janvier 1818, puis prorogé jusques au 1er juillet suivant.

Huit projets furent envoyés, mais celui de M. Abadie fut jugé le seul convenable.

Le fond de ce projet était des pompes d'une nouvelle espèce, mais qui avaient reçu la sanction de l'expérience : importées depuis peu d'Angleterre, elles venaient d'être adoptées et employées avec un plein succès dans quelques établissemens de la capitale et des environs, et notamment à la nouvelle machine de Marly. Les roues motrices, toutes en fer fondu ou forgé, étaient d'une rare élégance et d'une forme particulière à l'auteur. Les deux équipages, consistant chacun en une roue hydraulique, quatre pompes et un tuyau montant, étaient entièrement distincts, mais disposés de manière à pouvoir être renfermés dans un même édifice. Ce projet avait été bien étudié ; il avait été refait trois fois par l'auteur, et toujours avec de nouveaux perfectionnemens ; il parut bon et convenable à l'objet auquel il était destiné. Le devis des machines qui y était annexé en portait la dépense à 58,316 fr.

Après avoir décidé qu'on prendrait les eaux pour Toulouse dans la Garonne, et qu'on les élèverait à l'aide de la machine proposée par M. Abadie, la question qu'on eut à résoudre fut de savoir sur quel point des rives du fleuve il convenait d'établir cette machine. Cette question occupa pendant *près de trois ans la Commission des fontaines ainsi que les sept ingénieurs que le maire lui avait adjoints...,.*

On voit avec quel soin on étudiait, à Toulouse, tout ce qui touche à cette importante question des eaux. Plus de vingt pages du mémoire de M. Daubuisson sont consacreés à ce seul point de l'emplacement des machines ; mais, comme toutes ces recherches sont sans analogie avec la position de Nimes, et que, pour nous, la pose des machines à Lafoux ou ailleurs, sera chose que nous débattrons plus tard, nous passerons sous silence cette portion de l'écrit que nous analysons.

Après la question d'emplacement vint, pour les ingénieurs, celle des filtres, dont on s'occupa beaucoup aussi, et qu'on a résolue de la manière la plus heureuse. Mais si les eaux de la Garonne sont habituellement troubles et chargées, celles du Gardon ne le sont qu'accidentellement et pendant peu de jours; dès-lors, les filtres nous sont inutiles, et nous pouvons employer à la restauration de l'aqueduc romain, l'argent dépensé à Toulouse pour la dépuration des eaux. Cet aqueduc place, pour ainsi dire, Nimes aussi près du Gardon que Toulouse l'est de la Garonne ; par lui, malgré la distance de trois ou quatre lieues, nous pouvons, sans plus de dépense, obtenir le même résultat ; nous passerons donc sous silence tout ce qui tient à la clarification des eaux.

Enfin, le 12 août 1820, M. Daubuisson fit son rapport au conseil municipal; il exposa les projets auxquels la commission s'était fixée, en développa les avantages et les motifs, et expliqua comment ce qu'on avait espéré d'abord faire pour quatre-vingt mille fr., puis deux cents, puis deux cent soixante, en coûterait, en dernière analyse, deux cent quatre-vint-cinq *d'après les devis*, ou trois cent mille en somme ronde. — On ne pouvait faire à moins quelque chose de solide, de bon, de durable, digne, en un mot, d'une grande cité.

Les machines hydrauliques devaient coûter 58,316 f.
Le château-d'eau pour les renfermer..... 62,286
Les canaux d'amenée et de fuite........150,000
Les filtres (premier essai)............. 14,500

L'importance du sujet et la grandeur de la dépense à laquelle il allait donner lieu, car M. Daubuisson ne portait pas à moins d'un million l'établissement général des fontaines, engagèrent le conseil à renvoyer à quinzaine la discussion de cette affaire et la décision à prendre. Dans l'intervalle, toutes les pièces et tous les plans restèrent déposés sur le bureau, afin que tous les membres pussent en avoir connaissance.

Au jour indiqué, la question fut reprise; mais au lieu d'une simple discussion tendant à améliorer un projet étudié et médité, pendant trois ans, avec les hommes de la ville les plus versés dans ces matières, on vit, avec surprise, s'élever une quadruple opposition contre le fonds même du projet, et l'on vit une de ces anomalies dont les corps délibérans n'offrent que trop d'exemples: une partie du conseil sembla avoir entièrement oublié ses délibérations antérieures, le concours qu'il avait ouvert, le programme publié, le mandat qu'il avait donné à sa commission, etc.

Revenant sur tous les antécédens, quelques membres dirent : — « Ce n'est pas par un plan mesquin, » par un filet d'eau élevé à l'aide d'une frêle machine qu'on peut satisfaire une ville comme Toulouse ; c'est un bras de rivière qu'il faut amener » dans ses murs..... »

Vainement on leur représentait que la position topographique de la cité y mettait des obstacles presque insurmontables ; que l'interposition de la Garonne ne permettait pas de l'y mener par la rive gauche ; que, pour en venir à bout par la rive droite, il faudrait percer des coteaux sur une longueur très-considérable, bâtir un long aqueduc supporté par des nombreuses arcades, etc. ; que les Romains avaient pu faire de tels ouvrages, mais que la ville ne le pouvait pas.....

D'autres disaient : — « Mais le canal d'irrigation, » dérivé de la Garonne, près de Muret, et conduit » sur le plateau des Ardennes, d'où deux cents pouces » seraient pris et conduits aux fontaines par des » tuyaux de fonte, se ferait avec bien moins de frais » (avec 900,000 francs).

On leur répondait : ce n'est pas à la ville de Toulouse à aller arroser les territoires de Muret, Cugnaux, etc. ; il s'agit uniquement, dans l'affaire actuelle d'avoir de l'eau pour les fontaines ; le projet dont vous nous parlez n'en donne pas plus que celui de la commission ; c'est toujours deux cents pouces ; mais avec cette différence essentielle qu'au lieu de la donner bonne il la donne mauvaise, et qu'il faut la payer, d'après votre aveu, trois ou quatre fois, et peut-être en réalité cinq ou six fois plus cher, et encore avec plus de chances d'interruption de service. D'ailleurs, aucun projet en forme n'a été présenté à cet égard. — Si nous demandons un million, c'est pour l'ensemble des travaux. — Pour élever les eaux, les clarifier et les porter sur le pont, nous ne demandons que deux cent quatre-vingt-cinq mille francs, et vous, pour ces derniers objets seulement, vous en demandez neuf cent mille, même sans donner un devis à l'appui.....

« Eh bien ! répliquaient quelques personnes, atten-
» dons que l'habile ingénieur qui a mis en avant l'i-
» dée de ce canal ait fait et livré ce projet ; alors
» nous pourrons juger avec pleine connaissance de
» cause. »

On les priait d'observer — que, depuis trois ans déjà, l'administration municipale avait engagé ce savant à dresser et remettre son projet, ce qu'il n'avait pas fait.... ; qu'on ne pouvait ajourner indéfiniment une affaire qu'il était urgent de terminer..... ; qu'on en savait d'ailleurs assez pour se prononcer sciemment, et que, du moment qu'il était évident que ce projet devait donner de l'eau *moins bonne* et *plus chère*, on ne pouvait lui donner la préférence ; que peu importait de savoir exactement s'il en coûterait un million ou deux, car, en définitive, les plans et devis, s'ils étaient faits, n'apprendraient pas autre chose au conseil.

La question des finances vint aussi à l'encontre. — « Voilà une dépense d'un million et de plus peut être, » disait un membre ; tant qu'on se livrera à de pareil-» les entreprises nous ne pouvons espérer aucune di-» minution dans les droits d'octroi.... »

Enfin, un autre membre désapprouvait la position donnée au système hydraulique ; il l'aurait voulu sur la rive droite de la Garonne. On lui rappela les motifs qui avaient porté à passer de cette rive sur la rive gauche : beaucoup moins de dépense à faire, et l'incalculable avantage d'un filtre naturel.

Ainsi, les uns adoptaient le projet présenté par la commission, les autres en voulaient un différent, quelques-uns demandaient un plus ample informé. Vu ce partage d'opinions, le maire, M. le baron de Bellegarde, posa ainsi la question : *Délibèrera-t-on tout de suite sur le projet présenté ?*

Une moitié des membres du conseil fut pour l'affirmation, et un nombre égal vota pour la négation....

Alors, M. le maire, sentant que le moment était décisif, que tout ajournement allait priver pour longtemps et peut-être à jamais ses administrés de l'immense bienfait des fontaines, fit usage de sa voix prépondérante, et il y eut lieu de délibérer incontinent;

on délibéra, et cette fois la majorité fut pour le projet de la commission.

Echappé à un danger, il se trouva bientôt exposé à un autre; il fut envoyé au ministre qui l'adressa au conseil-général des ponts-et-chaussées; là se produisirent des réclamations de toute espèce; ceux dont les idées ou les plans n'avaient pas été agréés ne cessèrent de représenter comme entièrement mauvais ce qu'on leur avait préferé. L'autorité hésita; heureusement M. de Bellegarde, maire, se trouvait alors à Paris. Connaissant parfaitement la question, il leva toutes les difficultés, triompha de toutes les lenteurs, et l'autorisation ministérielle arriva le 26 juin 1821.

V.

M. de Prony, premier inspecteur-général des ponts-et-chaussées, un des plus savans mécaniciens et hydrauliciens de l'Europe, avait fait quelques observations auxquelles on s'empressa de se conformer. — Ainsi, l'on disposa les roues à aubes pour qu'elles reçussent l'eau motrice le plus haut possible. Sans cette disposition leur dépense eût été de quatre mètres cubes par seconde, elle n'est pas maintenant d'un mètre cube et demi. (Les nombres exacts sont : 1—35 m. c., au lieu de 3—706 m. c.)

Cette amélioration permit de réduire la dimension des canaux et, par suite, le coût en argent.

La chute utile fut aussi augmentée. Lors des bas

ses eaux on a 5 m. 47 de chute totale, qui sont répartis comme suit :

Chute sur les roues............	2 m. 20		
Chute immédiatement après les roues........................	0 70	4 m. 40	
Pente du canal couvert ou aqueduc de fuite, qui a 750 mètres de longueur......................	1 13		
Pente de la partie découverte du canal de fuite qui a 400 mètres de longueur......................	0 37		
Il reste donc encore, à l'extrêmité de ce dernier, sur le bord de la rivière, une chute de..................................			1 07
Chute totale.......... ...			5 47

Quand les eaux ne sont plus basses, mais qu'elles sont moyennes, cette dernière chute n'est plus que d'environ 0 m. 75 c. Cette chute, plus ou moins forte à l'extrêmité du canal de fuite, suivant l'état de la rivière, prévient le ralentissement des machines par le regonflement de l'eau.

Au fait, si, pour ce qui concerne Nimes, nous réfléchissons sur la chute et sur la dépense d'eau des machines hydrauliques de Toulouse, si nous comparons tout cela à ce qui existe à Lafoux, nous voyons d'hors et déjà que nous pouvons disposer, même dans l'état actuel sur ce point, d'un moteur au moins égal.

Le Gardon, à l'étiage, débite à Lafoux plus de deux mètres cubes d'eau par seconde ;

La chute est de plus de deux mètres et vingt centimètres.

A Lafoux, on n'a pas besoin d'un canal de fuite : La différence entre les eaux basses et les eaux moyennes du Gardon est très-peu de chose en hauteur, à cause de la très-grande largeur du lit de la rivière, qui est plat, et dont la plus grande partie est presque toujours inoccupée. Toute la chute peut donc être utilisée sans perte. Il n'y a élévation sensible des eaux au pied de la digue ou bâtardeau qui traverse la rivière, que pendant les inondations ; alors les machines chômeront forcément, mais cet état a toujours très-peu de durée. Je sais qu'à Lafoux il faut élever les eaux pour Nimes à une hauteur double de celle à laquelle on les porte à Toulouse (46 mètres au lieu de 23), mais je sais aussi qu'à Lafoux, on peut facilement, par des moyens que j'indiquerai plus tard porter la chute de 2 m. 20 c. à 10 mètres et plus, ce qui permettrait d'obtenir un résultat aussi considérable qu'à Toulouse, et même beaucoup plus si on le voulait. C'est donc à Lafoux qu'il faut prendre l'eau du Gardon, en l'élevant par des machines mues par le courant lui-même. C'est ce que nous établirons bientôt d'une manière encore plus explicite.

D'accord enfin avec l'autorité supérieure sur tous les changemens à faire à tous ses plans et devis, la ville de Toulouse put se mettre à l'œuvre, et, sur la fin de 1821, on fit l'adjudication des travaux.

Nous ne suivrons pas M. Daubuisson dans les détails d'exécution qui sont nécessairement variables dans chaque localité, et qui, d'ailleurs, ne présentèrent rien d'extraordinaire à Toulouse; il nous suffira de dire que tout fut exécuté avec promptitude, solidité et convenance, et *avec très-peu d'augmentations ou de crédits supplémentaires*, ce qui est le plus grand éloge qu'on puisse faire de MM. les Ingénieurs.

Bien qu'à cause de leur usage spécial, les filtres établis à Toulouse ne doivent nullement nous intéresser, nous n'en rapporterons pas moins ici une observation dont les résultats sont importans par rapport aux canaux qu'on propose de creuser pour Nîmes dans la terre, sans radier de maçonnerie, sans murs et sans voûtes...

A Toulouse, le premier filtre construit, qu'on avait laissé à découvert, donna d'abord une fort bonne eau, mais, dès la seconde année, une végétation de plantes aquatiques commença à s'y établir et à altérer la qualité des produits. L'année suivante, le mal empira : les rayons du soleil traversant sans obstacle une couche d'eau mince et parfaitement transparente, atteignaient le fond dans toute leur intensité; ils y développaient une forte chaleur, laquelle était encore augmentée par l'effet et la réverbération des bords et des digues. Par suite, la végétation y acquit une vigueur extrême; les divers moyens employés pour la détruire furent sans effets; des reptiles s'y joignirent, et ces plantes, ces animaux, en mourant et se putrifiant dans une eau tiède la rendaient très mauvaise. Il fallut se presser de porter un remède au mal : encore un an et il eût été intolérable. La grande chaleur et la lumière en étant la cause manifeste, on ne pouvait l'attaquer qu'en couvrant le filtre. C'est ce qu'on fit.

Ainsi, dérobés aux yeux du public, ignorés en quelque sorte, ces conduits sont maintenant à l'abri des effets de la malveillance et de la manie destructive des enfans, ils n'exigent plus de frais de garde et d'entretien. Depuis cette disposition, la qualité des eaux s'est non-seulement rétablie, mais encore améliorée ; la limpidité et la saveur en sont parfaites.

Dans le fort de l'été, alors que toutes les eaux de nos contrées ont une odeur ou un goût plus ou moins sensible, la nôtre est vive, bonne et fraîche comme de l'eau de montagne. Dans l'été, elle ne monte pas à plus de 17 degrés centigrades, et dans le long et rigoureux hiver de 1830, après vingt-cinq jours de forte gelée, et le gel ayant pénétré à plus de trois pieds au dessous de la superficie du terrain, cette eau n'a fait descendre le thermomètre qu'à 8 degrés. Avantage précieux ; fraîche en été, elle présente une boisson agréable à sa sortie des fontaines ; chaude en hiver, elle garantit nos conduits des effets de la gelée.

Il importe non-seulement de couvrir l'eau qu'on veut conduire pour des usages domestiques, mais il faut l'enfouir assez profondément. Nous verrons plus tard que Frontin et Rondelet insistent sur le même précepte ; voici, en attendant, une fâcheuse expérience qu'on a encore faite à Toulouse. Le second filtre ayant été placé trop près de la rivière, l'eau, tamisée par le gravier, en conserve trop la température. Aussi, malgré qu'on l'ait couvert comme l'autre, l'eau descend en hiver à deux degrés, et en été elle monte à 21. — Cette haute température donne lieu à la végétation de petites plantes aquatiques et chevelues (*conferves et bissus*), leurs débris, emportés par le courant, sont si déliés que, malgré les toiles metalliques employées à les retenir, l'eau est chargée de filamens qui lui donnent un aspect peu agréable ; les tuyaux de fonte s'oxident, ce qui n'arrive pas avec une eau plus fraîche, et les marbres des fontaines sont salis. Pour reprendre la bonté et la fraîcheur qu'elle a quand elle sort du flanc des montagnes, il faut que l'eau chemine longtemps dans des voies souteraines et profondes.

Nous n'avons eu garde de passer sous silence un passage si formel, où M. Daubuisson sanctionne de son autorité et de celle plus grande encore de l'expérience, ce que nous avions dit au commencement de cette seconde partie sur la nécessité de maçonner, de voûter et d'enfouir les aqueducs destinés à nous procurer de l'eau.

Enfin, le 25 mai 1825, une des deux machines destinées à monter les eaux de la Garonne, fut placée et mise en jeu. Les tuyaux destinés à porter dans la ville les eaux qu'elle élevait n'étant pas encore construits, ces eaux furent versées du haut des fenêtres du château. C'était un jour de fête, le jour du sacre de Charles X ; les habitans coururent en foule pour jouir d'un spectacle aussi nouveau qu'inattendu ; ils avaient peine à en croire leurs yeux : quoique depuis plus de trois ans ils fussent témoins des grands travaux qui se faisaient pour des fontaines publiques ; l'incrédulité était générale ; ils ne pouvaient se persuader que dans peu ils allaient voir les eaux de la Garonne jaillir, et à de grandes hauteurs, sur nos places.

Les hommes instruits, eux-mêmes, ceux que l'intérêt pour l'établissement des fontaines, conduisirent au château-d'eau, furent frappés d'un spectacle non moins remarquable. Ils virent une énorme machine, mise en mouvement au moment même où elle venait d'être terminée, marcher tout de suite et avec majesté, comme exercée depuis longtemps à un pareil travail, sans faire entendre le moindre craquement, le moindre bruit. Tous payèrent à son auteur un juste tribut d'éloges.

La seconde machine fut terminée le 15 mai 1828.

Depuis leur établissement, ces beaux ouvrages n'ont pas démenti ce qu'annonçait leur premier succès. La première machine posée a servi pendant plus de trois ans, sans la moindre réparation : graisser les pistons et les tourillons, a été la seule dépense faite pour son entretien, et elle a été bien petite (7 à 8 f. par mois.) Au bout de ce temps, on a eu à remplacer trois ou quatre pièces très-secondaires, qui avaient cassé par suite d'un défaut intérieur dans le fer ou la fonte employés. Ces très-légers accidens n'ont pas fait suspendre un seul instant le service public ; un équipage y fournissait pendant qu'on réparait l'autre. En somme, ces machines sont des meilleures et des plus solides qui existent en France.

VI.

Nous avons vu que, pour prendre et élever les eaux de la Garonne, le Conseil municipal de Toulouse avait d'abord pensé qu'une somme de quatre-vingt mille francs pouvait suffire ;

Nous avons vu, qu'après avoir étudié la question, M. Daubuisson disait dans son rapport que la dépense s'élèverait à deux cent quatre-vingt cinq mille francs ;

Enfin, quand on en est venu à l'exécution,

Le château d'eau et ses accesoires ont coûté	100,736 f.
Les machines et l'appareil de jaugeage.	92,047
Les filtres	131,727
Les canaux de fuite et d'amenée	169,753
Depenses préparatoires et accessoires	25,054
TOTAL	519,317 f.
Si nous ajoutons à cela, pour la valeur de la chute d'eau motrice	280,683
Nous aurons	800,000 f.

de depense totale pour prendre de deux à trois cents pouces d'eau dans la Garonne et les avoir élevés à la hauteur de la ville.

M. Daubuisson ne parle nulle part dans son mémoire du prix de la chute motrice qui a été fournie par la chaussée des moulins du Bazacle; si cette chaussée est une propriété particulière, il a sans doute fallu payer pour se mettre en part dans la jouissance; si elle appartient à la ville, on n'a pas moins pris pour les fontaines une force qu'on aurait pu vendre pour tout autre emploi et, dans l'un et l'autre cas, un mètre et demi d'eau cube par seconde chutant de 5 m. 47 valent certainement à Toulouse bien près de cent mille écus.

Si nous voulions créer un établissement semblable à Lafoux pour amener à Nimes, sur la terrasse de la Fontaine trois ou quatre cents pouces de l'eau du Gardon, voici ce qu'il en coûterait.

Achat des moulins de St-Privat et de Lafoux, ensemble	300,000 f.
Canal d'amenée des eaux de St-Privat à Lafoux	200,000
Deux machines pareilles à celle de Toulouse	200,000
Bâtiment pour les établir	100,000
Rachat de l'emplacement et restauration de l'aqueduc romain de Lafoux à Nismes.	600,000
Dépenses imprévues	100,000
TOTAL	1,500,000 f.

Pour cette somme, une fois les constructions faites, et en ajoutant les eaux nouvelles à celles que Nimes possède déjà, on aurait :

Ce que fournit actuellement la Fontaine . . . 100 p.

Report.......... 100 fr.

Sources qui se trouvent sur le parcours de l'aqueduc, au moins.................... 15

Eau que fournirait l'aqueduc comme réservoir........................... 50

Eau que les pompes élèveraient du Gardon. 300

En tout........ 465 p.

C'est, pour l'eau, une quantité décuple de celle qui serait strictement nécessaire ; et, quant aux estimations d'argent ci-dessus, elles sont plutôt trop fortes que trop faibles.

La machine de Toulouse se compose de deux équipages indépendans pour élever de deux à trois cents pouces d'eau à 25 mètres. Comme nous aurions à faire monter la même quantité d'eau à une hauteur double, j'ai mis deux machines ou quatre équipages de pompes indépendans les uns des autres, et j'ai dû doubler le prix.

Quant au château d'eau, pour établir ces appareils, à Lafoux, on ne donnerait rien au luxe architectural, et comme la montagne est là qui servirait d'appui aux tuyaux montans, cent mille francs suffiraient et audelà.

VII.

J'en viens maintenant à ce qu'ont coûté pour Toulouse la construction des fontaines et la distribution de l'eau dans l'intérieur de la ville. Cette étude sera satisfaisante pour nous; car, si pour élever l'eau et la conduire jusqu'aux portes de Nimes nous sommes obligés de dépenser de six à sept cent mille francs de plus qu'à Toulouse, d'autre part, nous aurons beaucoup moins à dépenser pour la distribution intérieure et l'érection des fontaines. Notre ville n'a pas la moitié de la surface de la capitale de la province, et la moitié, au moins, de nos conduits intérieurs, la moitié de nos bornes fontaines sont déjà établis. Au lieu de cinq cent mille francs que Toulouse a dépensés pour cet objet, Nimes n'aurait pas aujourd'hui pour deux cent mille francs de dépense à faire. Observons d'ailleurs qu'en conduisant les eaux à la Fontaine et les distribuant dans la ville par les canaux actuels, les besoins réels seront assez bien satisfaits pour qu'on puisse ajourner encore longtemps les fontaines monumentales et de luxe.

Ainsi, l'on peut compter, que dans quinze ans, en ne dépensant que cent mille francs par année, Nimes serait pourvu d'eaux surabondantes pour ses fontaines et ses lavoirs.

Revenons au mémoire de M. Daubuisson. On sent que je pourrai glisser plus rapidement sur cette seconde partie, les travaux pareils déjà exécutés chez nous nous ayant rendu ces objets familiers.

Les eaux à conduire, à distribuer dans l'intérieur de Toulouse, à verser à sa surface, devaient servir aux usages domestiques, à laver les rues et les égouts, à décorer les places publiques et à fournir des ressources contre les incendies.

Si l'on n'avait eu à pourvoir qu'aux besoins domestiques des habitans, cinquante pouces d'eau auraient suffi. En les versant sur les vingt places principales, proportionnellement à la population des quartiers où elles se trouvent, ces eaux auraient été convenablement réparties, et nulle habitation n'en aurait été à plus de 300 mètres. — Mais on a eu plus de cinquante pouces d'eau, on a pu les répartir sur 91 points différens ; et alors, aucune maison n'en a été à plus de deux cents mètres ; c'est-à-dire, à deux minutes de distance, terme moyen.

Il fallait encore satisfaire les désirs de ceux qui voulaient de l'eau dans l'intérieur de leur habitation; sur les deux cents pouces élevés, il en a été réservé quinze pour être concédés aux particuliers au fur et à mesure de leurs demandes. A trois hectolitres (un tonneau par jour), pour chaque concession, il y en aurait eu mille, et on ne compte pas six mille maisons dans Toulouse, ainsi la réserve est bien suffisante.

L'expérience l'a prouvé depuis. Au modique prix de soixante francs par an, pour trois cents litres d'eau par jour, on n'est pas encore parvenu à placer la moitié de ces quinze pouces. Cet exemple doit nous prouver s'il y aurait de l'avantage à dépenser des millions pour conduire deux, ou trois, ou six mille pouces à Nismes, et si l'on trouverait à les placer de manière à rentrer dans ses dépenses.

Outre les 91 fontaines, on établit encore à Toulouse quatre abreuvoirs. Les fontaines ont été placées sur les points culminans d'une surface qui, généralement plane, présente cependant un grand nombre de petits relèvemens ou de petits mamelons. L'emplacement de la plupart de ces fontaines était forcé par la configuration du sol. Ainsi, toute la partie centrale de la ville sera lavée, et plus des trois quarts de sa superficie entière : de l'eau a été jetée dans tous les égouts qui, nettoyés continuellement, ne répandront plus, dans les saisons chaudes et sèches, ces vapeurs infectes, vrai fléau des quartiers où leur bouche est placée...

En cas d'incendie, on a disposé les conduites et les bouches d'eau, de manière à pouvoir en porter et répandre un plus grand volume dans le quartier atteint.

Les bornes-fontaines donnent en général un pouce d'eau ; les fontaines des places, de deux à quatre, suivant l'importance ; les fontaines monumentales, de six à huit, et la grande gerbe du Boulingrin trente.

Il y a soixante-douze bornes-fontaines, treize fontaines ordinaires ou abreuvoirs et six fontaines monumentales y compris la gerbe du Boulingrin. Des robinets ont été donnés aux hospices et aux casernes.

Les lignes de tuyaux sont doubles du château-d'eau à la place de la Trinité, et de celle-ci à la place Royale d'un côté, et à la place Bourbon de l'autre. Ce sont là les artères principales qui aboutissent, en divergeant, aux points les plus importans de la ville, et au moyen de cette précaution, les réparations à faire n'interrompent jamais le service que sur des lignes peu importantes, c'est-à-dire sur celles où l'on n'a placé que des tuyaux simples.

Si un jour, par un moyen quelconque, on amenait à Toulouse une plus grande quantité d'eau, on n'aurait rien à changer au système des conduites. Celles qui sont simples continueraient à alimenter les points qu'elles desservent, et l'on brancherait de nouveaux tuyaux simples sur les gros tuyaux doubles, qui suffiraient pour desservir un grand nombre de points nouveaux.

Les tuyaux les plus solides et les plus économiques étant ceux de fonte de fer, on ne s'est servi que de ceux-là, excepté pour les très-petits tuyaux, ceux d'un pouce et au-dessous où la flexibilité est souvent nécessaire. Pour ceux-là on a adopté le plomb, bien qu'alors les tuyaux coûtent près de trois fois plus cher.

Il faut lire dans notre auteur lui-même comment il est arrivé à déterminer le diamètre, la longueur et l'épaisseur les plus convenables à donner à ses tuyaux : ces questions, celles des joints, des embranchemens, des robinets de décharge, sont très-utiles dans la pratique ; mais comme elles sont trop techniques, elles pourraient fatiguer nos lecteurs.

Suivant le devis, on devait dépenser :

Tuyaux en fonte mis en place 12,834 mètres	212,083 f.
Robinets, cuves, bornes-fontaines	39,994
Galeries souterraines	137,276
Dépenses imprévues	40,647
Total	430,000 f.

L'exécution se fit par les procédés ordinaires et

tout réussit parfaitement, quoique M. Daubuisson eût exigé qu'on fournît des tuyaux beaucoup moins lourds et beaucoup moins épais que les fondeurs n'avaient le désir et l'habitude de le faire. — Lorsqu'on parcourt, dit-il, nos galeries souterraines où il y a plus de mille joints, il est rare d'en voir plus de trois ou quatre aux bords desquels une goutte d'eau soit suspendue ; on n'aperçoit nulle part d'écoulement ou de suintement prononcé, et depuis quatre ans que les autres conduites sont enterrées dans les rues, il n'a pas encore paru à leur surface le moindre indice d'une perte d'eau. Enfin, notre devis primitif s'élevait à quatre cent trente mille francs, et la dépense effectuée a été juste de quatre cent trente-trois mille quatre cent quarante-deux francs. Il est bien rare que, dans des travaux de cette nature et si variés, l'estimation première ne soit pas dépassée d'une plus grande somme.

Les prix des concessions privées d'eau limpide sont à Paris huit fois plus chers qu'à Toulouse, et encore avons-nous, dans cette dernière ville, des concessions privilégiées, comme pour les colléges, les établissemens de bains qui se font à un prix encore plus réduit.

L'eau est délivrée aux concessionnaires par un filet coulant continuellement ; mais, pour que le jet continu ne soit pas réduit à une exiguité telle qu'il serait impossible de l'obtenir dans la pratique, l'administration municipale a décidé qu'il ne serait pas fait de concession au-dessous de deux hectolitres par jour, ou de quarante francs de redevance annuelle.

Un des articles les plus sages des règlemens de la ville de Toulouse sur les eaux est celui ci : « Toute » concession à titre gratuit, toute condition ou tolé- » rance de prise d'eau sur les conduits de la ville, » tant à l'égard des particuliers que des établissemens » publics, est et demeure entièrement interdite...»

L'exécution inflexible de cette prescription est le seul moyen de défendre, comme on le doit, les droits sacrés du public à la jouissance des eaux.

Dès l'origine, on pensa que des fontaines monumentales devaient être élevées sur les places les plus importantes, et un concours fut ouvert à cet effet. La fontaine de la Trinité offre une belle vasque en marbre blanc, soutenue par trois syrènes en bronze; la fontaine de la place Bourbon est encore en projet, une belle gerbe d'eau la remplace en attendant; la fontaine de la place St-Georges présente une colonne en fonte supportée par quatre griffons ailés versant de l'eau dans le bassin; sur la colonne, qui a 60 pieds de haut, est posée une Renommée en bronze; le tout est entouré de huit bornes réunies par des chaînes, dont quatre fournissent l'eau à la consommation.

Sur la place du Capitole, quatre dés de marbre, à quatre robinets chacun, supportent d'énormes candelabres en bronze.

Au nombre des monumens hydrauliques de Toulouse, on doit mettre la gerbe d'eau jaillissante établie au Boulingrin, au centre des promenades. Elle est faite sur le modèle de celle du Palais-Royal à Paris : ses 17 jets vont de 15 à 24 pieds de haut, et dépensent de 60 à 80 pouces d'eau. En 1828, ce fut en présence et sur les ordres de Mme la duchesse de Berry, et au milieu d'un grand concours de peuple attiré à la fête, que les eaux jaillirent pour la première fois.

En résumé, les fontaines monumentales de Toulouse ont coûté jusqu'ici .... 57,783 fr.

On a dépensé, pour élever ou clarifier les eaux 439,317

Le filtre non encore achevé est estimé 60,000

Les conduites et la distribution dans la ville ont coûté.................. 433,442

TOTAL 1,010,542

En nombre rond, un million.

Cette dépense a été faite *par la ville seule* en dix ou onze ans, de 1819 à 1830, et les travaux ont duré huit ans. Les prévisions de M. Daubuisson n'ont pas été dépassées dans leur ensemble, car, le 12 août 1820, c'est à cette somme qu'il évaluait les dépenses dans son rapport officiel.

Si au million d'argent sorti de la caisse municipale on ajoute la valeur de la chute d'eau prise sur la chaussée du Bazacle, on aura une dépense effective et totale de *treize cent mille francs.*

Telle est l'histoire d'un établissement qui, sous le

rapport de la propreté, a changé la face de la ville de Toulouse ; qui, répandant de belles eaux sur tous ses points, en a fait une des cités les mieux arrosées de la France ; qui a pourvu avec abondance ses habitans d'un objet de première nécessité ; qui leur fournit gratuitement ce qu'ils payaient aux établissemens d'eau filtrée environ cent cinquante mille francs par an ; qui, surtout, procure au pauvre une boisson pure en remplacement de la mauvaise eau de puits dont il faisait presque toujours usage...

De savantes notes accompagnent le mémoire de M. Daubuisson : leur contenu ne se prêterait que difficilement à l'analyse ; mais, dans le cours de notre propre ouvrage nous aurons souvent l'occasion de les citer et de nous appuyer sur les principes qu'elles exposent quand elles auront trait aux recherches auxquelles nous nous livrons.

Nous pensons maintenant qu'on ne nous contestera pas ce que nous avons annoncé dès le principe, et qu'on s'empressera de reconnaître avec nous que l'ouvrage de M. Daubuisson, bien qu'écrit dans un autre but, renferme cependant, *pour la question des eaux de Nimes*, des renseignemens très-utiles, des exemples précieux fortifiés par l'autorité de son nom et par l'autorité plus importante encore d'une expérience accomplie et d'un succès obtenu.....

Ce livre nous prouve d'abord que, pendant bien longtemps, on s'est occupé de la question des eaux à Toulouse avant d'en venir à l'exécution ; il nous apprend que, quand la ville a soumis cette question soit à un concours, soit au zèle de ceux qui ont voulu s'en occuper, elle a constamment fourni aux concurrens ou aux scrutateurs désintéressés toutes les notes, projets, plans et mémoires antérieurs conservés religieusement dans ses archives;

Qu'avant que de proposer aucun projet nouveau, plusieurs ingénieurs, comme MM. de Garripuy, Laupies, Maguès et M. Daubuisson lui-même, ont cru indispensable de revenir sur le passé et de faire *l'histoire critique et comparative des projets émis avant eux*, afin de publier cette utile revue à l'appui des idées qui leur étaient propres;

Que les projets de toutes les époques ont été publiquement débattus devant les hommes les plus compétens avant que la ville prît une décision définitive, et que *toutes les pièces figuraient au procès.*

Nous devons remarquer qu'une ville, *beaucoup plus riche que Nimes*, placée par rapport aux cours d'eau utilisables dans une position physique qui a de grands rapports avec la nôtre, a pourtant rejeté, dans de sages prévisions économiques, des projets moins gigantesques que ceux qu'on nous propose d'adopter, et que Toulouse n'a point eu à se repentir de sa prudence.

Rappelons-nous qu'il faut, même pour une ville populeuse, beaucoup moins d'eau qu'on ne le pense généralement, et que, quand Toulouse se trouve satisfaite avec deux cents pouces, Nimes peut bien l'être avec quatre cents....

Rappelons-nous que quand on peut disposer d'un

courant d'eau, moteur assez puissant, on doit sans regret rejeter la machine à vapeur....

Suivons le bon exemple des ingénieurs toulousains, qui ne craignaient pas d'étudier à fond, de chercher au besoin, pendant plusieurs années, quand il fallait préciser le local le plus convenable ou fixer toute autre condition essentielle à leur projet.

Enfin, puisque Toulouse a pu se donner, avec treize cent mille francs, les eaux dont elle avait besoin, pourquoi Nimes ne se donnerait-il pas, avec quinze cent mille une quantité égale, qui ne sera pour lui qu'un supplément à ce qu'il possède déjà.

En effet, la valeur des chutes d'eau motrices est à peu près égale dans les deux localités. — Si le canal d'amenée est plus long à Nimes, le canal de fuite sera supprimé; — L'édifice pour emplacer les machines ne coûtera pas plus dans une ville que dans l'autre; — Et si, d'un côté, il faut pour Nimes, de plus que pour Toulouse, restaurer l'aqueduc romain depuis Lafoux: — s'il faut à Nimes deux machines au lieu d'une, à cause de la hauteur double que les eaux doivent atteindre.....

D'autre part, à Toulouse, n'a-t-il pas fallu de bien plus grands frais de distribution intérieure, parce que la ville a beaucoup plus de surface et que tout était à créer? — N'a-t-il pas fallu des filtres très-coûteux dont nous n'avons aucun besoin?

Enfin, n'affectons-nous pas, dans nos prévisions, à l'entreprise de Nimes deux cent mille francs de plus que celle de Toulouse n'a coûté?

On sent que nous aurons à revenir, et avec plus de détails, sur ce projet *d'amener les eaux de Lafoux à Nimes, en les élevant au moyen de machines mues par le Gardon lui-même*, projet que nous adoptons définitivement comme le meilleur. L'examen des idées de M. Bouchet doit nous y ramener incessamment.

Anduze, le 15 juin 1843.

SYSTÈME BROUZET.

Le 1er mai 1840, un mémoire de six pages in-4° fut présenté au Conseil municipal, sous le nom de M. Brouzet, et sous le titre de *Projet d'un canal d'irrigation pour conduire les eaux du Rhône à Nimes...*

Ce projet est maintenant abandonné par ses auteurs; mais comme ils l'avaient pris à Delon et à M. Ramus, du moins en partie; comme, tôt ou tard, il reparaîtra sous un nom nouveau, il est bon de le faire connaître et d'en apprécier la valeur.

Et, d'abord, le titre doit paraitre un peu trop ambitieux, surtout quand on lit, dès la première page: — « Que pour élever les eaux, les machines à vapeur » ont paru, par leur puissance et leur perfection, les » seules susceptibles d'être employées.... »

Elever *les* eaux du Rhône avec des machines à vapeur; *employer ces eaux à l'irrigation*....: ces prétentions doivent trouver bien des incrédules; il eût été plus sage de dire: — que, pour les besoins de la *ville* de Nimes, on amènerait de l'eau du Rhône en l'élevant au moyen de la vapeur. — Passons à l'examen du mémoire.

« Le Rhône n'est pas à une plus grande distance » de Nimes que le Gardon ..; l'eau n'y manque jamais. » Notre canal de prise commencera au nord du *mas*

» *d'Amphoux*, où la profondeur est toujours très-
» grande. Ce canal, traversant la route de Comps à
» Beaucaire, arrivera à découvert jusque dans le
» territoire de Meynes. Il sera dans ce trajet d'une
» largeur suffisante pour permettre aux bateaux char-
» gés de charbon de le parcourir et d'arriver au
» pied des machines à vapeur qui le consommeront.
» Ces machines seront établies au pied de la colline
» qui sépare la vallée du Rhône de la plaine haute de
» Paza, où l'on rejoindra l'ancien aqueduc romain.

» Du Rhône jusqu'au pied du coteau de Meynes
» où seront les machines, le canal aura 3829 mètres
» de développement ; — au-dessus du coteau, jusqu'à
» la jonction de l'aqueduc romain, on construira une
» rigole de 4448 mètres ; ces deux parties seront à
» découvert. La partie de l'aqueduc romain utilisée
» sera de 13186 mètres, — ce qui donnera un total
» de 21463 mètres du Rhône à Nimes. »

J'accorde, sans peine, à l'auteur du mémoire qu'il faut prendre l'eau où on la trouve ; mais je ne puis me dispenser de dire : — qu'au mas d'Amphoux le Rhône est plus éloigné de Nimes que le Gardon ne l'est à Lafoux ; — qu'en cet endroit le Gardon a toujours plus d'eau qu'on n'a d'intérêt à en prendre avec des machines à vapeur ; — que l'eau du Gardon est plus pure que celle du Rhône, et qu'enfin, l'eau puisée dans un canal de 3829 mètres de longueur, sans issue, et assez large pour que les bateaux de charbon puissent le parcourir, sera toujours marécageuse, infecte et impropre aux usages domestiques.

L'eau du Rhône est trouble et charrie un limon gras; les pompes n'élèveront qu'une faible partie de la masse contenue dans ce canal; le reste croupira et ne pourra que se corrompre sous l'influence du soleil et de la poussière; les végétaux, les insectes, les reptiles ne manqueront pas de s'établir dans cette eau stagnante, comme M. Daubuisson l'observa dans les filtres de Toulouse. Pour remédier à ce grave inconvénient, il faudrait, de toute nécessité, diminuer les dimensions de ce canal de prise, le maçonner et le voûter, ainsi que la rigole qui, creusée sur la colline, doit aller joindre l'aqueduc romain. Mais ces diverses constructions sur la longueur additionnée de 8377 mètres, coûteraient plus de quatre cent mille francs, et s'opposeraient à ce que les charbons vinssent par eau jusqu'au pied des machines.

Je vois avec peine que M. l'ingénieur Baker, en croyant rectifier les prétendues erreurs de ceux qui ont bien connu l'aqueduc romain, tombe au contraire dans les fautes les plus lourdes de Delon « *sur les* » *aqueducs latéraux qui amenaient à l'aqueduc prin-* » *cipal les eaux des sources qui se rencontraient au* » *pied des collines au nord.* » J'ai commis cette faute moi-même, mais je l'ai bientôt reconnue, et ces aqueducs n'ont jamais existé.

En prenant les eaux du Rhône pour les conduire à Nimes, il faut les élever de cinquante-neuf mètres; en les prenant dans le Gardon à Lafoux, il suffit de les élever de quarante-six. — Cette différence est une objection sérieuse, quand on emploie la vapeur.

Mais ce surcroit d'élévation de treize mètres serait-il un avantage pour le point de l'arrivée à Nimes? — Nullement ; c'est de la force dépensée en pure perte, puisque, pendant 13186 mètres, on veut se servir de l'aqueduc romain, dans lequel viendraient déverser aussi les eaux, que dans l'autre projet on prendrait à Lafoux. La grande élévation à laquelle on porte les eaux du Rhône est donc sans aucun avantage, et, dès-lors, il ne peut y avoir d'hésitation sur l'endroit où il convient d'établir les machines, et cet endroit ne peut être que Lafoux.

Le mémoire dit : — « L'eau du Rhône arriverait à » Nimes à 9 mètres 849 millimètres au-dessus de » l'hémicycle de la Fontaine, et l'on pourrait ainsi, en » ne donnant que 25 centimètres de pente par mille » mètres, la distribuer très-facilement dans les en- » droits les plus élevés de la ville. » — Puisqu'on utilise 13186 mètres de l'ancien aqueduc, on en suivra nécessairement la pente ; or, cette pente était fort irrégulière, bien qu'en général elle fût de 40 centimètres par mille mètres. — Nous n'avons aucun intérêt à contester les avantages du point d'arrivée pour la partie haute de la ville, puisque le nôtre serait le même ; mais nous disons qu'on doit préférer le moyen qui donne les eaux au même point, *en économisant treize mètres d'ascension.*

La machine à vapeur a sans doute son avantage ; elle seule peut élever ici 2230 pouces à cinquante-neuf mètres ; mais elle a aussi ses inconvéniens : elle est d'un entretien coûteux, sa dépense est énorme en combustible; d'où il résulte que l'eau obtenue par ce moyen ne peut être employée qu'aux usages domestiques ou industriels, et nullement à l'agriculture, et que, dès-lors, en n'a nul besoin à Nimes de 2250 pouces d'eau, qu'on ne pourrait certainement pas vendre *au prix coûtant*.

La machine à vapeur, dit M. Daubuisson, dans une de ses notes, semble devenir l'agent universel : elle se multiplie de toutes parts avec le plus grand succès. C'est à elle que l'Angleterre doit son étonnante industrie, et, par suite, sa richesse : elle concourt puissamment à la grande extension que prennent nos fabriques dans le nord de la France. Elle fournit, à Paris, presque toutes ses eaux potables et va lui en fournir deux mille pouces encore : elle sert de moteur aux nouvelles pompes de Marly. — D'où vient donc qu'on l'a rejetée à Toulouse? — La réponse est bien simple : son emploi eût exigé une très-grande dépense en charbon de terre; on a dû l'éviter.

Ce n'est pas dans des considérations théoriques qu'il faut chercher l'évaluation de cette dépense : elles ne mèneraient à aucun résultat positif. — Ce ne sera pas non plus dans les prospectus des constructeurs de machines à vapeur, ni dans les ouvrages où les machines, traitées sous le rapport scientifique, y sont considérées comme parfaites ; on éprouverait de grands mécomptes lorsqu'on en viendrait à l'exécution. C'est dans l'expérience fournie par des machines déjà construites et en activité depuis plusieurs années, qu'il faut prendre des données moins trompeuses sur la dépense.

Si l'on compare l'effet qu'on avait besoin d'obtenir à Toulouse, avec l'effet produit par la machine à vapeur de la mine de houille de Carmeaux, près d'Alby, on verra que, pour arriver au résultat, il aurait fallu dépenser tous les ans, à Toulouse, pour 70,033 fr. de combustible.

Proportionnellement à la dépense de l'usine de Chaillot à Paris, la dépense en charbon à Toulouse eût été de 68,371 francs.

Une des machines les plus parfaites connues, est celle que M. Edwards a établie au Gros-Caillou, à Paris. Eh! bien, en supposant les machines qu'on aurait construites à Toulouse aussi perfectionnées, il n'en aurait pas moins fallu 52,387 fr. de combustible.

A côté de la machine de M. Edwards, il en existe une excellente aussi, mais à basse pression. Les machines de Toulouse, établies sur le même système et avec la même précision, auraient dépensé 70,294 fr. de charbon tous les ans.

Je sais que la nouvelle machine de Marly ne donne pas un effet proportionné au charbon qu'elle dépense; aussi, sur ce patron, aurait-il fallu porter à 160,000 francs l'allocation annuelle des machines de Toulouse.....

En Angleterre, on a des machines qui, pour un kilogramme de charbon, élèvent cent et deux cents mètres cubes d'eau à un mètre; mais ces machines sont très-puissantes, et la dépense des machines faibles est proportionnellement plus grande. D'ailleurs, en France, on fait moins bien qu'en Angleterre ; à Toulouse on n'eût pas mieux fait qu'à Paris : *c'était donc beaucoup que d'espérer qu'on ne dépenserait pas, par an, plus de soixante ou soixante-dix mille francs de charbon de terre seulement....*

L'établissement de ces machines eût été plus cher que celles qu'on a adoptées : on n'eût économisé que les frais de construction des canaux d'amenée et de fuite ; mais on sait aussi que l'entretien des machines à vapeur est bien plus dispendieux que celui des appareils hydrauliques : il faut les renouveler en bien moins de temps ; les accidens sont plus fréquens et plus graves : au lieu d'un simple concierge, il faut des mécaniciens, des chauffeurs ; tout cela entraîne des frais énormes.... voilà pourquoi la machine à vapeur a été rejetée à Toulouse...

N'en devons-nous pas faire autant à Nimes ?

Nous voulons élever la même quantité d'eau au moins à une hauteur double ; il nous faut donc une force double. Si la dépense en charbon était proportionnelle, puisqu'il faudrait à Toulouse pour 65,000 fr. de charbon en moyenne, il en faudrait à Nimes pour 130,000 fr. Mais, comme les machines plus fortes sont moins dispendieuses en proportion, nous pouvons réduire à cent mille francs la dépense en combustible, et en ajoutant une vingtaine de mille francs par an, pour le personnel et l'entretien, nous aurions à dépenser cent vingt mille francs, tous les ans, pour élever, au moyen de la vapeur, trois cents

pouces d'eau à Lafoux, ce qui serait évidemment trop lourd pour la ville de Nimes.

Que serait-ce si nous adoptions le projet dont nous faisons maintenant l'analyse, le projet de prendre 2230 pouces d'eau au Rhône, et de les élever à 59 mètres ? la dépense serait bien plus en disproportion avec nos ressources...

Lors donc qu'il serait vrai, comme on l'avance, que la réalisation du projet Brouzet, c'est-à dire l'établissement des machines et celui des canaux, rigoles et aqueducs d'Amphoux à Nimes, ne coûteraient pas plus de dix-sept cent mille francs en capital, il faudrait capitaliser encore la somme annuelle à dépenser en combustible, entretien et personnel, pour connaître tout le sacrifice à imposer à la ville.

Une des personnes capables, qui s'étaient occupées de ce projet, me disait que l'ingénieur anglais qui devait fournir la machine assurait qu'elle ne dépenserait pas, en combustible, plus de cent quatre-vingts francs par jour. La chose me semble difficile à croire; mais enfin, même dans cette supposition, il faudrait plus de soixante-cinq mille francs de charbon. Comme il ne pourrait convenir de n'avoir qu'une seule machine, de peur d'interruption dans le travail, et comme, au lieu d'une seule et puissante, il vaudrait mieux en employer deux faibles, on peut compter que pour le charbon, le personnel ou l'entretien, il faudrait dépenser plus de cent mille francs par an, même en ajoutant foi entière aux promesses de l'ingénieur anglais...

Ce serait donc toujours, en dernière analyse, près de quatre millions que l'eau coûterait. On voit que c'est un des projets qui sont au-dessus des ressources de la ville. Comme on doit l'abandonner pour le même motif que les projets Delille, Valz et Perrier, l'auteur s'exposait peu en faisant cette offre si avantageuse en apparence. — « Si le projet Perrier vient à » s'exécuter, mon traité cessera, sans aucune indem- » nité, dès que les eaux arriveront par ce moyen. »

Nous n'avons certainement pas à craindre que deux projets pareils s'exécutent successivement :

« Qu'en Angleterre, presque toutes les villes soient » alimentées d'eau par des machines à vapeur exclu- » sivement, et ensuite par des canaux placés dans les » rues », — cela ne contredit nullement notre argumentation ; car nous reconnaissons qu'on peut, sans perte, et même avec profit, élever des eaux pour les usages industriels ou domestiques, dans une ville riche, au moyen de la machine à vapeur ; mais qu'il y a loin de là *à un canal d'irrigation*, à l'emploi de cette eau pour l'agriculture.....

Dès le moment qu'on m'aura concédé que l'eau élevée par une machine à vapeur ne peut être employée à la culture des champs, je poursuivrai l'analyse du mémoire, et je dirai qu'on y rencontre des faits très-intéressans.

Ainsi, le mémoire nous apprend qu'il y a à Londres huit compagnies pour la distribution des eaux. — Le capital employé s'élève à quatre-vingt-un millions. — Les tuyaux de distribution ont de 3 à 38 pouces de circonférence, et leur longueur est d'environ deux mille milles anglais.

Cent quatre-vingt-seize mille quatre cent quatre-vingt-douze maisons sont ainsi alimentées d'eau. La dépense annuelle n'est que de 2,671,525 f., pour sept de ces compagnies, les comptes de la huitième n'étant pas encore connus. — Le revenu des sept compagnies est de 6,749,670 fr. Les compagnies retirent donc plus de cinq pour cent de leurs fonds; mais quel est le prix de l'eau?

Chaque maison reçoit, en moyenne, 827 litres par jour, et la dépense par an n'est que de 37 f. 70 c.

Un pouce d'eau équivaut à vingt mille litres par jour : 827 litres représentent donc, environ, un vingt-quatrième de pouce.

Or, cette quantité minime coûte annuellement 37 f. 70 c., ce qui représente un capital de 754 fr.

Si donc, suivant ce prix, on voulait avoir un pouce d'eau, on devrait payer vingt-quatre fois plus, ce qui, en rente annuelle, donnerait.... 904 fr. 80 c.

Ou bien, en capital une fois payé, 18,096 00

Rappelons, puisque l'occasion s'en présente, qu'en agriculture il faut cinq pouces d'eau pour arroser convenablement, dans notre pays sec et chaud, un hectare de terrain. En achetant l'eau pour l'agriculture, au prix *modique* de Londres, il en faudrait pourtant pour *cent mille francs par hectare*; on conviendra que ce serait beaucoup trop cher.

A ce prix là, aucun esprit sérieux ne doit songer à

conduire deux mille quatre cents pouces d'eau à Nimes, et deux ou trois cents pouces suffiraient amplement. Il ne faut pas l'oublier, il est des choses dont on se passe quand le prix s'élève au-dessus d'une limite raisonnable. S'agit-il d'un objet de première nécessité comme l'eau, on ne peut s'en priver, il est vrai, mais on peut se réduire au strict nécessaire, et certainement à dix-huit mille francs le pouce, on n'en placerait pas vingt pouces à Nimes. Il faut donc renoncer à un pareil moyen de spéculation.

Personne ne doit penser que la machine à vapeur ne puisse suffire aux chétifs besoins d'une population de quarante-cinq mille ames, quand elle fournit à Londres à treize cent mille habitans pour les bains, les ménages, les brasseries, les besoins de l'industrie ;

Quand, par ces machines, l'eau est élevée dans des réservoirs qui dominent le troisième étage des maisons ;

Quand l'incendie d'une seule habitation exige trois cent mille litres d'eau, et qu'on y éprouve, en moyenne, trois incendies par jour ;

Quand cinquante-trois machines montent, dans l'espace d'un mois, onze milliards six cent millions de litres, à une hauteur moyenne de deux cents pieds....

Accuser la machine à vapeur d'impuissance, telle n'est certainement pas notre intention ; notre objection ne porte que sur la cherté de ses produits.

On nous dit : « Si e Rhône se trouvait où est le » Vistre, hésiterait-on à faire monter l'eau au moyen

» de la vapeur? — Or, *par l'existence de l'ancien* » *aqueduc romain, le Rhône est presque aussi près* » *que le Vistre.....* »

L'argument est plus spécieux que solide. — A Toulouse, la Garonne était plus près que le Vistre ne l'est de Nimes, ce qui n'empêcha pas de répudier la machine à vapeur à cause de la cherté des résultats.

Si l'existence de l'ancien aqueduc romain rapproche le Rhône de Nimes, il en rapproche bien plus le Gardon.....

Dès le moment que nous avons prouvé que l'eau élevée par la vapeur ne pouvait convenir à l'agriculture, la quantité d'eau dont nous avons un besoin réel se restreint à deux ou trois cents pouces. Mais s'il ne nous faut que cela, nous pouvons l'obtenir par des moyens bien moins dispendieux que celui de la vapeur : *nous pouvons élever l'eau qu'il nous faut par la force du courant lui-même.*

Lorsqu'on a dans son voisinage, à sa disposition, une force motrice et naturelle suffisante, il y aurait au moins de la maladresse d'y substituer une force artificielle obtenue à un prix élevé. L'ingénieur en chef des eaux de Paris, M. Mallet, à son retour d'Angleterre, où il venait de voir presque tous les services des fontaines tant publics que privés, faits par de belles et bonnes machines à vapeur, n'en écrivait pas moins à M. Daubuisson : « Je vous félicite de ce que » la nature a fait pour vous, en vous donnant un » moteur qui ne se repose jamais, et qui vous livre » continuellement son action pour rien, vous deman-

» dant seulement et une fois pour toutes de le bien
» disposer. »

M. Daubuisson ajoute avec raison : « En définitive,
» on n'emploie et on ne doit employer une machine
» à vapeur que là où un courant d'eau ne saurait
» produire l'effet voulu. »

Anduze, 23 juin 1843.

SYSTÈME DE M. BOUCHET.

Exposition.

I.

En octobre 1840, M. Bouchet, mécanicien et directeur d'une fonderie de fer, préoccupé, comme tant d'autres bons citoyens, de cette idée que la dérivation par une rigole à pente des eaux du Gardon, depuis Boucoiran jusqu'à Nimes, serait une entreprise ruineuse pour la cité, M. Bouchet, disons-nous, voulut, lui aussi, chercher un moyen moins dispendieux et porter sa pierre à l'édifice.

A cet effet, il fit imprimer un mémoire intitulé : *Nouveau projet d'amener à Nimes les eaux du Gardon*, et, de plus, en janvier 1841, il adressa à M. le Maire une lettre explicative qui fut aussi livrée à la publicité.

M. Bouchet confirme ce que nous avons déjà avancé sur l'insuffisance, à l'étiage, des eaux du Gardon prises à Boucoiran..... De plus, il m'a verbalement assuré qu'en 1839 il n'avait trouvé que dix-huit cents pouces d'eau dans le canal de Calvières, par un jaugeage qu'il répéta plusieurs jours consécutifs pendant qu'il plaçait des roues hydrauliques dans le voisinage.

Après s'être prononcé contre *la dérivation de niveau du Gardon*, M. Bouchet se prononce aussi contre la prise de l'eau du Rhône élevée par des machines, et il fait observer avec raison que, pour un pareil établissement, le bord du Gardon à Lafoux doit être préféré, puisque l'aqueduc antique y aboutit et qu'il vaut certainement mieux le réparer que d'en construire un nouveau de toutes pièces.

« Il est évident, d'ailleurs, qu'il vaut mieux élever le Gardon de quarante-cinq mètres que le Rhône de soixante-cinq ; que les frais d'établissement coûteraient deux fois plus sur le fleuve que sur la rivière, et que les eaux du premier, constamment chargées d'un sable très-fin, useraient les machines en très-peu de temps, inconvénient que le Gardon ne présente que dans les fortes crues.

» M. Bouchet regrette qu'en 1832 on n'ait pas adopté le projet de MM. Didion et Talabot qui, pour deux millions cinq cent mille francs, offraient de conduire à Nimes partie des eaux des Gardons d'Alais et d'Anduze prises avant leur confluent. » Nous donnerons plus tard notre opinion sur ce projet qu'on aurait lié à la construction du chemin de fer.

Après cela, M. Bouchet arrive à l'exposition de ses propres idées que voici :

« Il faudrait, dit-il, prendre les eaux dans le Gardon, à partir de l'écluse du moulin Labaume jusqu'au moulin de Lafoux inclusivement, c'est-à-dire, *dans une ligne où l'eau ne manque jamais* ;

» Il faudrait n'employer, pour l'élever à la hauteur nécessaire, d'autre force motrice que celle de l'eau elle-même.....

M. Bouchet croit : — « Que la chute qui existe au moulin Labaume permet d'élever au moyen d'une roue hydraulique, 120 à 150 pouces fontainiers, à une hauteur suffisante pour arriver dans l'aqueduc du Pont-du-Gard. » (Il m'a dit que cette chute était de 2 mètres 16 cent.)

Il pense « que la chute des moulins de St-Privat offrirait le même résultat, la chute étant égale, et qu'il en serait de même du moulin de Lafoux qui a selon lui une chute de 2 mètres 30 cent. »

« On élèverait donc jusque dans l'aqueduc du Gard, au moyen de ces trois chutes, au moins quatre cents pouces d'eau, *avec des frais si minimes*, d'après l'auteur, qu'on peut presque les regarder comme *nuls*, si l'on considère les dépenses excessives qu'occasionnerait tout autre projet. »

« Quand on réfléchit sur l'économie du moteur, sur la facilité de son emploi, on s'étonne qu'une idée aussi simple et aussi heureuse n'ait pas été saisie jusqu'ici. »

« L'entretien des trois usines et le salaire des ouvriers ne dépasseraient pas dix mille francs ;

» Et, quant aux frais qu'occasionneraient l'établissement des trois usines, la conduite depuis le moulin Labaume jusqu'à Lafoux, l'achat des trois moulins et la réparation de l'aqueduc romain, *ils s'élè-*

veraient au maximum de douze cent mille francs. Ce projet offre toutes les garanties possibles d'économie, de succès et de prompte exécution, et donne l'espérance, pour ne pas dire la certitude, de voir augmenter considérablement le volume d'eau, sans augmentation des frais, *par les sources que l'on rencontre chemin faisant et dont quelques-unes conservent encore leur courant dans l'aqueduc même.* M. Bouchet sentit que, pour appuyer ces diverses assertions, il devait donner des explications suffisantes, et c'est de quoi il s'occupe dans son second opuscule.

» Mon projet, dit-il, se divise naturellement en deux parties. La première embrasse toutes les constructions à faire pour conduire les eaux des moulins de Labaume, de St-Privas et de Lafoux dans l'aqueduc du Pont-du-Gard ; la seconde comprend tous les travaux nécessaires pour conduire ces mêmes eaux à Nimes par l'aqueduc romain. »

« La majorité des travaux et, partant, la majorité des dépenses se trouvent évidemment dans la première partie du projet. Là rien n'est acquis à la ville ; moulins, machines, conduits en fonte, établissemens des usines, tout est à acheter, tout est à construire à neuf, et tout cela se fera au moyen de 659 mille fr., ainsi qu'il résulte du devis ci-après.

« Dix mille mètres de tuyaux convenables,

ci	246,000	306,000 f.
Pose	60,000	

A reporter....... 306,000 f.

Report.		306,000 f.
Neuf corps de pompes.	6,500	32,500
Dix-huit pistons, dont moitié de rechange.	5,400	
Cent-cinquante mètres de tuyaux ascendans.	17,400	
Joints desdits et accessoires. .	3,200	
Trois roues hydrauliques en fonte, avec vannes et treuils aussi en fonte		30,000
Maçonnerie pour le coursier des roues et la pose des pompes.		40,000
Transmission du mouvement pour les pompes.		15,500
Mise en place des roues et des pompes et apparaux nécessaires.		15,000
Achat du moulin de Labaume.		20,000
Achat de celui de St-Privas		150,000
Achat de celui de Lafoux.		50,000
Total		659,000 f.

» Pour peu qu'on réfléchisse sur le résultat immense obtenu au moyen de ces six cent cinquante-neuf mille francs, on comprendra que les cinq cent quarante-un mille francs qui restent encore sont plus que suffisans pour l'entier achèvement du projet, car c'est presque la moitié de la somme, et nous avons bien fait les deux tiers des travaux.

» En effet, Delon et l'ingénieur Bancal ont avancé *que l'aqueduc romain était presque entièrement conservé et qu'il y avait très-peu à faire pour le rendre à sa destination primitive*.... Je ne fixerai pourtant pas le chiffre de la dépense d'après l'hypothèse qu'il soit conservé dans telle ou telle portion : procéder ainsi ne me paraîtrait pas assez concluant, et j'aime mieux donner une solution plus péremptoire. Je supposerai donc que pas le moindre fragment de l'aqueduc n'est resté debout, que tout est en ruine, que tout est à réédifier, et je dis que cette réédification totale s'opérerait au moyen de quatre cent soixante-huit mille francs.

» Les dimensions de l'aqueduc sont telles, qu'il comprend trois mètres cubes de maçonnerie par mètre courant; c'est un fait que chacun peut vérifier. Il a vingt-six mille mètres de développement, et se compose, en conséquence, de soixante-dix-huit mille mètres cubes de maçonnerie, qui, à son prix réel de six francs le mètre cube, produit bien les quatre cent soixante-huit mille francs ci-dessus.

» Pour arriver aux douze cent mille francs de dépense totale que nous avons posés, il resterait encore soixante-treize mille francs de disponibles pour dépenses imprévues.

» Mais, évidemment, ni la partie de l'aqueduc qui est taillée dans le rocher, ni le massif du fond, ni les divers fragmens que présentent leur ouverture en divers endroits, comme pour donner accès aux investigations, et, dans quelques-uns desquels on pénètre assez profondément, ne sont pas en ruine et déposent en faveur de la conservation de l'aqueduc. Ils sont là pour attester que j'ai supposé un pire qui n'existait pas, et qu'il y a, en conséquence, certitude pour la ville de rester au-dessous du chiffre de douze cent mille francs. »

Telle est l'exposition fidèle des idées de M. Bouchet; si j'y ai insisté aussi longuement, c'est que, du moins en partie, je les crois bonnes et utiles. On l'a déjà vu, j'admets avec lui la convenance de restaurer l'aqueduc du Gard jusqu'à Lafoux, de prendre les eaux qu'on trouvera sur ce parcours, et d'élever, par une machine, ce qu'on pourra de plus. J'adopte donc, et je me garde de combattre ces idées fondamentales. Mais quand j'en viens à l'exécution, quand j'aborde l'évaluation de la dépense, je ne puis plus être d'accord avec M. Bouchet.

Certaines parties de son projet me paraissent complètement inexécutables, et la dépense totale ira beaucoup plus haut qu'il ne l'évalue. — Je vais exposer mes objections et chercher à faire comprendre d'où proviennent nos différences d'opinion.

Pour ce projet, Delon prépara la voie à M. Bouchet qui, à son tour, me l'a rendue plus facile : j'espère l'améliorer par mes observations pour ceux qui viendront après moi. Par ces efforts réitérés et successifs, la question doit s'éclaircir assez pour que la ville ne risque d'être trompée ni sur la quantité d'eau qu'on lui promettra, ni sur les sommes qu'on doit lui demander pour la fournir.

II.

Examen critique.

Je ferai d'abord observer que M. Bouchet professe beaucoup trop de respect pour les idées de Delon et de son collaborateur Bancal, et que c'est à tort qu'il dit : — « Un court aperçu sur les travaux de deux » hommes qui joignirent *à l'habileté de la pratique* » *les lumières de la théorie* ne sera point inutile. Je » me reporterai donc à l'époque où Delon s'était » adjoint l'ingénieur Bancal pour l'aider dans ses re- » cherches sur l'aqueduc. Je la prends préférable- » ment à toute autre, parce que les études auxquel- » les je me suis moi-même livré m'ont convaincu » qu'au-delà il ne faut rien chercher de générale- » ment vrai. — Ménard, lui-même, a été par eux » convaincu d'erreur et rectifié sur ce point ; — » En deçà, il n'y a rien de nouveau, on ne re- » trouve que leurs découvertes, revêtues seulement » de certaines formes académiques. — Mais, par eux, » la vraie direction de l'aqueduc a été réellement » fixée...... »

Mon devoir d'historien m'oblige à relever ce passage qui fourmille d'erreurs. Je ferai connaître un jour, en entier, ma façon de penser sur Delon qui manquait essentiellement de jugement et de science, ses énormes bévues sur l'aqueduc ont égaré beaucoup de ceux qui l'ont suivi *et copié :* il avait tort contre Ménard, et ce n'est que depuis M. Valz, que l'aqueduc romain est bien connu.

J'arrive maintenant aux estimations de dépense. M. Bouchet croit, qu'à dix-huit francs le mètre courant, on construirait l'aqueduc tel qu'il était. Je pense, moi, qu'il en coûterait au moins cinquante francs, et j'ai, ailleurs, expliqué pourquoi. Cependant, je ne changerai rien à ce résultat, au chiffre total de cette estimation, car M. Bouchet évalue la restauration totale de l'aqueduc, et moi je suis persuadé qu'on n'en aurait pas les trois cinquièmes à refaire : ainsi, bien que nos bases soient très-différentes, notre chiffre de dépense générale peut se trouver à peu près le même.

Mais, M. Bouchet a omis un objet que je ne puis passer sous silence : c'est le rachat du sol qu'occupe l'aqueduc et d'un franc-bord de chaque côté. C'est une dépense indispensable et que j'évalue à deux cent mille francs, bien que la plupart des terrains à traverser soient presque sans valeur; car, si l'on a très-peu à payer dans la campagne, les indemnités seront assez fortes aux villages mêmes de St-Bonnet, de Sernhac, de Bezouce, de St-Gervasy et surtout dans le faubourg et la ville de Nimes.

A Nimes, depuis la colline des Moulins-à-Vent jusqu'au bassin de la Fontaine, l'aqueduc traverse plusieurs jardins et maisons pour lesquels l'indemnité serait assez forte : il vaudrait peut-être mieux, là, abandonner l'ancien et en construire un nouveau au milieu d'une rue, de manière à n'avoir aucune indemnité à payer et à être postérieurement plus libres pour les réparations.

Je laisse, comme M. Bouchet, la somme de soixante-treize mille francs à valoir ; c'est prudent et ce n'est peut-être pas assez.

M. Bouchet évalue à cent trente-trois mille francs l'établissement de neuf pompes mues par le Gardon, y compris les tuyaux ascendans, roues hydrauliques, bâtisses et constructions, en un mot, tout ce qui est nécessaire pour que ces pompes placées par trois, dans autant de locaux différens, puissent fonctionner, et monter l'eau à la hauteur voulue : — C'est évidemment trop peu.

A Toulouse on n'élève que deux cent cinquante pouces d'eau, au lieu de quatre cent cinquante ; on ne porte cette eau qu'à vingt-trois mètres au lieu de quarante-six qu'il nous faut à Toulouse, il n'y a qu'un seul établissement pour les machines, et nous voulons en faire trois. Eh bien! on a dépensé pour les machines .... 92,047 fr.

Pour la construction qui les renferme. 100,736

TOTAL....... 192,783

Deux cent mille francs en nombre rond.

J'admets que nous ne donnerons aucun accès au luxe; mais, enfin, M. Bouchet propose trois établissemens au lieu d'un ; il veut monter deux fois plus d'eau et la pousser à une hauteur double ; ce ne sera pas trop que de tripler la dépense qu'on a faite à Toulouse, et de porter nos prévisions à six cent mille francs. — Ce sera quatre cent soixante sept mille francs de plus que l'estimation de M. Bouchet.

Reste enfin l'acquisition des trois usines. M. Bouchet porte le moulin de Labaume à vingt mille francs; on en demande actuellement trente mille, et je doute que, quand la ville en aura besoin, elle l'ait à meilleur prix, il faut donc ajouter dix mille francs.

L'évaluation me paraît raisonnable pour les moulins de St-Privat, mais pour ceux de Lafoux, elle ne l'est certainement pas; ils valent au moins autant les uns que les autres. — Au lieu de cinquante mille francs c'est donc à cent cinquante qu'il faut porter ceux-ci : différence cent mille francs.

Voilà donc que, par une simple revue des projets de M. Bouchet, nous trouvons qu'il faut augmenter ses estimations de sept cent septante-sept mille francs, ce qui porterait la dépense, *jusqu'ici, à dix-sept cent mille francs au moins.*

Mais le point le plus épineux reste encore : il faut amener les eaux des deux usines supérieures à l'aqueduc, c'est-à-dire, depuis Labaume et St-Privat jusqu'à Lafoux, et, pour cela M. Bouchet se borne à l'énoncé de dix mille mètres de tuyaux convenables........................... 246,000 f.

Pose desdits........................ 60,000

TOTAL........ 306,000

Il y a ici erreur grave et manifeste, et cet article ne peut subsister. Je l'avoue, je ne comprends pas comment M. Bouchet, homme de sens et d'expérience, a jamais pu l'écrire. Je ne puis me l'expliquer qu'en supposant, ou qu'il a fait son projet sur une carte,— ou qu'il ne connaît pas les lieux , — ou bien, que s'il les a connus , bien long temps avant son projet, sa mémoire lui a fait complètement défaut.

Sil fallait exécuter ce que M. Bouchet propose , il en coûterait beaucoup plus d'un million.

Ce que j'avance ici sera prouvé par la description que je vais faire de la vallée du Gardon, depuis le moulin Labaume jusqu'à Lafoux ; on verra , qu'en ce point . le projet de M. Bouchet est inexécutable ; j'énoncerai ce qu'il faut y substituer , et l'on saura ainsi en quoi mon propre système diffère du sien, dont l'idée première , du reste, appartient en grande partie à Delon

Nous allons faire une digression un peu longue , mais elle est nécessaire, soit pour l'intelligence de ce que je combats et de ce que je propose , soit pour apprécier la valeur de certains autres projets qui déjà ont été mis en avant ou qui pourront l'être un jour.

III.

Description de la vallée du Gardon.

Dans une première reconnaissance, j'ai étudié la vallée du Gardon depuis le moulin de Labaume jusqu'à Montpezat, et voici ce que j'ai vu :

La vallée est étroite, sinueuse et profonde ; le Gardon y coule entre deux masses de rochers escarpés dont il baigne constamment le pied, et l'on pourrait dire que c'est une belle *vallée d'érosion* creusée sur une longueur de cinq lieues, depuis Dions jusqu'au Pont-du-Gard. La partie centrale, que j'étudie aujourd'hui, n'aurait pas plus d'une lieue si l'on pouvait la parcourir en ligne droite, mais comme on est obligé de suivre une ligne sinueuse en tournant les redans qui, de distance en distance, se renvoient la rivière, le chemin est presque doublé.

C'est un lieu sauvage, solitaire, et l'habitation la plus rapprochée du moulin est au moins à une lieue dans les rochers et les bois. Le géologue se demande s'il y a eu déchirement dans les couches qui l'environnent, quand il ne voit aucune grande trace de soulèvement; les strates se correspondent des deux côtés de la vallée, et sont dans une position presque constamment horizontale. C'est là que le Gardon coule encaissé. On dirait que ses eaux ont eu le pouvoir de ronger le rocher, d'ouvrir et de former cette vallée, au fond de laquelle il est maintenant fixé dans un lit si régulier qu'il ressemble à un canal de maçonnerie.

On supposerait, dans ce système, que des eaux primitivement plus abondantes auraient formé le haut de la vallée plus large et plus ouvert, puis, ces eaux diminuant peu à peu dans les âges géologiques, le lit se serait rétréci, et plusieurs étages distincts de corrosion se seraient succédé. On voit, en effet, de chaque côté de la vallée la roche s'abaisser, soit en pente douce, soit le plus souvent par larges gradins qui se rapprochent de plus en plus vers le thalweg. Le canal dans lequel la rivière coule *aujourd'hui* est réduit à une moyenne d'une trentaine de mètres de largeur, à droite et à gauche il y a comme un chemin de hallage, sur lequel les grosses eaux s'élèvent pendant les inondations.

Le pente de la rivière est assez forte, mais elle est régulière, de sorte qu'on voit presque partout, ce qui n'est pas ordinaire au Gardon, un courant continu, d'une largeur et d'une profondeur uniformes. Ailleurs, et dans la plus grande partie de son cours, le Gardon roule sur un lit de gravier, alors il décrit de grandes sinuosités et l'on observe, tantôt des *rapides* où l'eau bruit et écume, et tantôt de larges flaques où l'eau est dormante et profonde. L'état étant tout différent dans notre curieuse vallée, on sent combien il serait facile d'y établir des usines de toute espèce, sur une eau à pente continue, encaissée par le rocher.

La grande quantité de cavernes et d'anfractuosités qu'on observe dans les rochers de la vallée confirmeraient encore dans l'idée qu'elle est due à une vaste érosion. Ces abrasions de la roche existent, soit dans le sens du courant du Gardon, soit dans la direction des eaux affluentes. Dans plusieurs endroits, sur des couches peu inclinées, nous avons vu des quantités considérables d'excavations en forme de baignoires, de nids de pigeons, ainsi que d'autres beaucoup plus petites qui ne pouvaient être dues qu'à l'action dissolvante des eaux voisines encore en action. Nous avons vu des couches nouvelles, des soudures, des concrétions de sucs lapidifiques; en d'autres termes, des eaux probablement acidules dissolvent encore, en certains endroits, la roche dont elles ne tardent pas à déposer ailleurs les molécules qui s agrégent de nouveau.

Certaines couches de la montagne se décomposent plus facilement que d'autres : telle est une couche argileuse d'un pied d'épaisseur qui sépare deux masses puissantes de calcaire compacte. Cette petite couche se détruisant, le calcaire supérieur qui dans certains endroits a cinquante mètres de puissance se trouve sans appui et tombe en blocs énormes qui se détachent de la montagne par des coupes perpendiculaires. Le moulin de Labaume est constamment menacé par ces éboulemens terribles.

Au-dessus du moulin Labaume, à moitié chemin du pont de St-Nicolas, le Gardon est bien peu de chose en été ; la fameuse source des *Frégeïres* tarit même dans les années de grande sècheresse. Alors le Gardon ne reparaît qu'au moyen des surgeons qui redonnent l'eau en amont de la chaussée.

C'est un phénomène remarquable. Sur un espace d'un quart de lieue, on voit, çà et là, l'eau sourdre, soit du fond du lit de la rivière, soit des fentes du rocher de ses bords. On dirait, à la violence avec laquelle elle s'échappe, qu'elle est fortement comprimée. Le courant qui résulte de ces éjections est pour les unes comme le bras, pour les autres comme la jambe, ici plus fort, ici plus faible, et leur ensemble constitue les cinq ou six mille pouces qui n'ont jamais manqué à ce moulin.

Ce qu'il y a de plus curieux c'est que ces surgeons sont, les uns intermittens, les autres rémittens à courte période ; phénomène qu'on ne peut bien apprécier que pendant l'été, et sur lequel M. Allut, propriétaire voisin, écrivit dans le temps un mémoire inséré parmi ceux de l'Académie de Montpellier.

Pour se diriger du moulin Labaume vers Montpezat, il faut laisser d'abord à sa droite le Gardon qu'on traverse sur un bateau.

A l'effet de bien apprécier les idées de M. Bouchet, qui veut amener les eaux, élevées au moulin Labaume par une machine, jusqu'à Lafoux, dans des tuyaux de fonte, je devais étudier particulièrement la rive droite de la rivière, et voici le résultat de mes observations, qui montre les plus grands obstacles, je dirai même des obstacles insurmontables, quand on consentirait à dépenser une somme quadruple de celle que M. Bouchet voulait y employer.

Sur la rive droite du Gardon, depuis Labaume jusqu'à Montpezat, dix *combes* ou vallées latérales interrompent la continuité de la roche qui encaisse la vallée principale, et viennent déboucher dans celle du Gardon. Ces vallées subordonnées sont plus ou moins profondes ; les unes se perdent rapidement sur le penchant de la montagne, les autres se terminent en cirque ; il en est qui se bifurquent, d'autres s'étendent au loin dans l'intérieur du massif. Tantôt leurs pentes sont douces, tantôt leurs bords sont escarpés ; mais la terre ne forme jamais leurs penchans ; le rocher se montre partout.

Chaque combe est séparée de sa voisine par un redan plus ou moins arrondi et souvent abrupte. Devant ces combes il y a d'ordinaire un petit espace de terre et de gravier de transport qui les sépare du Gardon, lequel bat au contraire contre les redans qui le rejettent du côté opposé ; de sorte que, comme la rive gauche est en tout semblable à la rive droite excepté pour le nombre des vallées aboutissantes qui est moins considérable, la rivière décrit, dans son lit de rocher, des chevrons nombreux d'une rive à l'autre.

On sent tout de suite quels obstacles s'opposent à l'établissement des tuyaux de M. Bouchet. Il faudrait partout les entailler dans le rocher, les suspendre contre des coupes à pic. On aurait une lieue à parcourir, à vol d'oiseau, de Labaume à Montpezat ; mais il y a moitié plus de chemin en suivant le fil de la rivière, et probablement trois lieues *en suivant une ligne horizontale à la hauteur à laquelle M. Bouchet veut se tenir*. En effet, sans compter les petites inflexions de la montagne, nous avons toujours nos dix *combes* qu'il faudrait franchir par des ponts-aqueducs ou contourner, en se déviant, tantôt de cinquante mètres, tantôt de cent, de deux cents, de cinq cents, de mille. Ce serait renouveler, et plus en grand, les travaux des Romains pour obtenir, sans économie, des eaux moins abondantes, puisqu'elles seraient élevées par une machine, et conduites de plus par des moyens qui n'auraient qu'une existence précaire.

Les tuyaux de M. Bouchet, exposés sur le penchant de la montagne, à la gelée, à toutes les intempéries, à la malveillance, seraient à tous momens brisés et rompus, à moins qu'on ne les renfermât dans un aqueduc en maçonnerie, et alors, l'entreprise ne serait-elle pas plus coûteuse que celles que nous sommes obligés de rejeter pour le seul motif de la dépense?

Mais, me disais-je en parcourant cette vallée sauvage qui se refuse évidemment à une opération de ce genre, est-il donc nécessaire de venir prendre les eaux aussi loin que le moulin Labaume? Ne suffirait-il pas de les prendre à Montpezat ou plus près encore de Lafoux?

Qu'importe qu'un moulin existe à Labaume? Pour vingt mille francs on ferait partout dans cette vallée rocheuse un bâtardeau qui donnerait une chute aussi puissante que celle de ce moulin, et l'on épargnerait, en s'établissant à Montpezat, par exemple, pour six cent mille francs au moins de tuyaux et d'aqueducs...

Le moulin de Labaume doit donc être radicalement abandonné. J'adopte, je l'ai dit, le moyen d'établir à Lafoux des machines mises en mouvement par la rivière; mais si, pour élever plus d'eau, on veut une seconde, une troisième chute motrice, il serait inutile et ruineux d'aller les chercher trop loin à travers des obstacles énormes. Ce dont on a besoin on peut le trouver à Montpezat et, selon moi, beaucoup plus près encore du moulin de Lafoux, comme je l'expliquerai dans un moment.

IV.

Après l'exploration de cette première partie de la vallée, et avant d'examiner celle qui s'étend de Mont-

pezat au Pont-du-Gard, je dois m'occuper, en passant, d'un système très-accessoire. Certaines personnes m'ont dit : — « On pourrait élever les eaux par
» la chute du moulin Labaume; puis, profitant de la
» longue et profonde vallée qui se dirige vers Poulx,
» on pourrait les conduire dans la vallée du Canabou
» et, prenant les eaux du Fougue, les jeter ensemble
» près de St-Gervasy dans l'aqueduc romain. » — D'autres préfèreraient, pour arriver au même but, se diriger vers Cabrières et arriver à l'aqueduc par le ruisseau de La Bastide; d'autres voudraient passer du côté de Lédenon.

A tout cela je répondrai : — Qu'il ne vaut pas la peine d'entreprendre un percé qui aurait encore plus de cinq mille mètres dans quelque direction qu'on le place, et cela, pour amener à Nimes des eaux élevées par une machine et par une seule machine, c'est-à-dire deux cents pouces au plus. Mieux vaudraient encore les projets Valz ou Perrier.

Nous n'adoptons les machines, qu'on le sache bien, que pour éviter les percés, et si nous consentons à un percé ce ne sera qu'à condition qu'il ne soit pas ruineux et qu'il nous amène beaucoup d'eau par une pente naturelle. Tout percé doit donc être rejeté de St-Nicolas à Lafoux, car, sur ce trajet, le Gardon est trop bas pour arriver à Nimes par une rigole à pente; tenterions-nous de le prendre plus en amont, il serait trop difficile, nous l'avons vu, de faire serpenter un aqueduc sur les flancs d'une vallée aussi abrupte.

Je n'ai pas encore bien étudié la vallée en remontant de St-Nicolas à Dions, il serait possible que, sur une partie de cette étendue, une rigole à pente pût être établie sur la rive droite à une hauteur convenable. S'il en était ainsi, ce serait le chemin le plus court et le plus favorable pour arriver de Boucoiran à Nimes. On suivrait alors les bords du Gardon jusqu'au Mas-de-Charlot, on se dirigerait ensuite vers Deylaud, le Grand-Mas-du-Chêne et Mayan ; dans cette direction, on profiterait de la grande dépression qui sépare le Serre-des-Vignes de celui de Ferron. Une fois à Mayan, on se dirigerait sans peine dans la vallée de Courbessac où l'on prendrait l'aqueduc romain.

Mais, en aval du Mas-de-Charlot, il est inutile de chercher aucun passage ; on se rapproche trop alors du massif de la montagne de Ferron. Déjà le passage par Cabanne, Cabanon, Fonfroide, Roquecourbe et St-Gervasy est plus élevé que celui que nous indiquons ci-dessus ; le seul bon, si l'on côtoie le Gardon aussi longtemps que possible, doit aboutir à Courbessac.

Le demi-cercle de montagnes qui entoure Nimes et qui forme notre grand obstacle, commence du côté du couchant au Pont de Lunel sur la route de Montpellier, et expire du côté du levant au Pont-du-Gard, sur l'ancien chemin d'Avignon. A la vérité, sur cette enceinte, certaines dépressions séparent des masses plus élevées, et, sous ces dépressions, on a projeté de s'ouvrir des passages par des percés. Les principales vallées hautes et basses, et les plus voisines de Nimes, ont toutes été étudiées : celle de La Rouvière à Clarensac, et celle de La Rouvière à Caveirac, par M. Valz ; celle de La Rouvière à Gajan, Vaquerolle et au Cadereau-Bas; celle de La Rouvière à Vallonguette, Vallongue, Servas et le Cadereau-Haut ; celle de La Rouvière par La Fougasse, le Mas-de-Granon et le CadereauHaut, par M. Dellile; celle de la Rouvière à Vallongue et au Mas-de-Ponge, par M. Valz ; celle de La Calmette à la Grand'Combe, au grand Mas-du-Chêne et à Calvas, par M. Valz, adoptée plus tard par M. Perrier ; celle de Dions au Mas-de-Charlot, à la Grand'Combe, au grand Mas-du Chêne, à Mayan et Courbessac, indiquée par nous ; il ne reste plus qu'à comparer ces passages et à choisir le meilleur, si la ville tient, coûte que coûte, à prendre ses eaux à Boucoiran. C'est un travail que nous avons l'intention de faire cette automne, en commun avec M. le capitaine Bernard. — Je ne pense pas que, plus en aval, on puisse trouver d'autres passages à mettre en parallèle.

Au-delà du mas de Charlot, la montagne Ferron s'élève, la rivière s'abaisse, ses bords deviennent de plus en plus escarpés, un canal n'y pourrait tenir, et l'on s'éloigne de plus en plus de Nimes ; il ne faut donc plus rien chercher de ce côté pour le système de la rigole à pente.

V.

Pour étudier la portion la plus inférieure de la vallée du Gardon qui puisse nous intéresser *dans le sys-*

tème où il s'agit d'élever les eaux par des machines, j'ai fait une seconde reconnaissance depuis Collias ou Montpezat-lès-Uzès, et voici le résultat de mes observations.

Dans cette partie, la vallée est moins étroite, moins sinueuse, moins profonde que celle que j'ai déjà décrite depuis Labaume. Elle s'ouvre peu à peu à partir de Montpezat; les montagnes s'abaissent sensiblement, surtout sur la rive gauche; les gorges latérales s'élargisent; enfin, du côté d'Argeliès ou de Ners, la vue arrive déjà dans la plaine. Pour établir un canal d'amenée sur l'un ou l'autre bord, les difficultés seraient ici bien moindres qu'auprès de Labaume; on aurait beaucoup plus d'eau par la réunion des rivières d'Uzès, et la chute jusqu'à Lafoux serait encore assez grande pour donner une force motrice aussi puissante qu'on ait à la désirer. On peut donc ne commencer les études régulières qu'à Montpezat; on peut oublier tout ce qui est au-dessus; c'est déjà simplifier le problème.

Depuis Ners jusqu'à Lafoux, en suivant les sinuosités du Gardon, il y a au moins quarante mille mètres; la pente moyenne entre ces deux points est à peu près d'un mètre et demi par mille, ce qui fait que la différence de niveau entre Ners et Lafoux est d'au moins soixante mètres.

La distance de Montpézat à Lafoux, en suivant aussi les sinuosités de la rivière, est au moins de dix mille mètres, c'est-à-dire, le quart de la précédente; la pente du Gardon y doit être de quinze mètres.

Dans ce dernier parcours, et pendant les plus grandes sécheresses, la rivière débite toujours au moins six mille pouces d'eau ; on pourrait donc, en creusant sur l'une des rives un canal d'amenée de Collias jusqu'à Lafoux, se procurer une chute d'eau de dix mètres au moins de hauteur, et de plus de six mille pouces de masse, puisque sur les quinze mètres de pente totale ce serait assez que de réserver cinq mètres de pente pour un canal d'amenée de dix mille mètres de longueur.

Avec ces six ou sept mille pouces chutant de dix mètres, on élèverait facilement, au moyen d'une machine hydraulique, cinq cents pouces d'eau dans l'aqueduc romain.

Un ancien moulin existait à Montpezat au-dessus du pont, on y dispose actuellement une scierie de marbre ; — entre Montpezat et St-Privat on voit les ruines d'un autre vieux moulin nommé *Carrière*, dont la chaussée subsiste encore ; — puis, vient le moulin de St-Privat, à six roues ou tirans, dont trois vont simultanément à fil dans les plus grandes sécheresses, ce qui indique plutôt dans la rivière dix mille pouces d'eau que six mille ; mais nous avons mieux aimé, dans notre estimation, nous placer au-dessous qu'au-dessus de la vérité ; — puis, vient enfin le moulin de Lafoux, à quatre paires de meules, dont deux vont toujours à fil dans la plus grande disette d'eau.

Il y a donc quatre moulins sur l'espace dont nous nous occupons ; la chute moyenne de chacun est au moins de 2 m. 20 c., ce qui donne 8 m. 80 c. de chute déjà utilisée ; mais toute ne l'est pas. Ces quatre moulins sont loin d'employer toute la pente de la rivière, et, sans nuire à leur action, on pourrait très-bien établir un nouveau moulin entre Montpezat et Carrière, un autre entre Carrière et St-Privat, un autre entre St-Privat et Lafoux; on aurait en tout sept chutes de 2 m. 20 c., ce qui ferait une chute totale de 15 m. 40 c. — Certainement, un nivellement régulier ne changerait pas beaucoup à ce résultat auquel nous arrivons par deux voies différentes. On comprend que si l'on établissait sept moulins de Lafoux à Montpezat, et qu'on tirât tout le parti possible de la pente, quand toutes les écluses seraient pleines, on aurait sept lignes horizontales séparées par autant de chutes. Nous n'avons pas à soustraire dans ce calcul les cinq mètres de pente que nous sommes obligés de sacrifier pour un long canal d'amenée.

Sans remonter le Gardon plus haut que Montpezat, nous trouvons donc plus d'eau et plus de force que nous n'en avons besoin.

La rivière de Seynes, dans laquelle s'est jetée celle d'Eure ou d'Airan, vient se réunir au Gardon immédiatement au-dessous de ce village. Ce serait à ce confluent qu'il conviendrait d'établir la prise d'eau si l'on voulait une grande force à Lafoux. Les deux rivières sont encaissées dans des rochers; un bâtardeau général serait solide et peu coûteux, et rien ne s'opposerait à ce qu'on relevât le fil de l'eau à l'horizontale de la chaussée de Montpezat, bien que celle-ci soit bâtie à trois cents mètres au moins en amont;

mais la nature des lieux se prête aux constructions de tous les genres.

En bâtissant ainsi une chaussée unique au confluent du Gardon et des rivieres d'Uzès, en l'élevant convenablement, en creusant un canal d'amenée de ce point jusqu'à Lafoux, on n'aurait plus besoin ni de la chaussée du vieux moulin de Montpezat, ni de celle du moulin ruiné de Carrière, ni de celle de St-Privat, ni de celle de Lafoux ; on laisserait pourtant subsister ces dernières à l'effet de profiter le peu d'eau qui sourdrait en aval de la nouvelle chaussée ou qui échapperait par filtration. On aurait là de pauvres moulins, sans doute, mais cela vaudrait mieux encore que de les détruire.

De Montpezat, jusqu'au moulin ruiné de Carrière, un canal d'amenée ne serait pas difficile à construire sur la rive droite du Gardon. En général, dans ce trajet, le Gardon se jette sur sa rive gauche et laisse au pied des collines, du côte opposé, assez d'espace pour emplacer le canal. On pourrait donc le construire solidement en suivant toujours le rocher au pied de la montagne : il conviendrait qu'il fût maçonné et voûté.

Quand on arrive à *Carrière*, les difficultés deviennent plus grandes sur la rive droite. Les rochers entre Carrière et St-Privat s'avancent jusqu'au bord de l'eau et s'élèvent perpendiculairement au-dessus ; il faudrait tailler le canal en encorbellement dans cette roche vive pendant trois cents mètres au moins. Mais une fois cette difficulté vaincue, on n'en trouverait pas d'autre jusqu'à Lafoux que celle de la distance, et sur cette rive droite le canal pourrait être facilement établi dans le terrain, au pied des collines.

C'est la rive droite que nous adoptons pour le parcours de notre canal d'amenée, parce qu'ainsi on n'a qu'un seul établissement hydraulique à construire *et toujours à Lafoux* au pied de l'aqueduc romain.

Si l'on établissait, au contraire, le canal d'amenée sur la rive gauche, on aurait, il est vrai, bien plus de facilité, parce qu'à partir de Montpezat, elle est moins accidentée et plus ouverte que l'autre. Mais on ne pourrait aller joindre Lafoux et il faudrait alors deux châteaux-d'eau et deux machines, savoir : une machine en amont du Pont-du-Gard, sur la rive gauche même qui pousserait les eaux dans l'antique aqueduc pour traverser le pont, et une seconde à Lafoux pour profiter la pente de la rivière depuis le Pont-du Gard, ce qui aurait de trop graves inconveniens. Ces projets seraient beaucoup plus modestes, on en conviendra, plus praticables et aussi productifs que ceux de M. Bouchet ; cependant, ils seraient encore très-coûteux. Pour les réaliser, il faudrait acquérir — le moulin de Montpezat, — le dernier moulin qui se trouve sur la Seynes, près de son confluent avec le Gardon, — les ruines du moulin Carrière, —les moulins de St-Privat et ceux de Lafoux. — Il faudrait achelter le droit d'emplacement du canal sur toute sa longueur, tout cela coûterait bien près de cinq cent mille francs.

Il faudrait ensuite dépenser une somme aussi forte

pour l'établissement du canal, pour la construction de la chaussée de prise.

Il faudrait deux cent mille francs pour l'établissement des machines, six cent mille francs pour le rétablissement de l'aqueduc romain et de ses accessoires, cent mille francs pour dépenses imprévues, ce qui ferait bien deux millions.

Il est vrai, qu'avec cette somme on serait sûr, à Nimes, d'avoir toujours cinq cents pouces d'eau fournie par les machines, sans compter ce que donneraient les sources qui se trouvent sur le parcours de l'aqueduc, et temporairement l'eau contenue dans l'aqueduc lui-même comme réservoir, sans compter encore le produit de la Fontaine.

Toutefois, cette dépense de deux millions me paraît à moi trop considérable, et j'aimerais mieux la réduire, quand je devrais réduire en proportion le produit en eau; ainsi, au lieu d'aller dériver le Gardon à Collias, j'aimerais mieux ne le dériver qu'à St-Privat. On épargnerait ainsi deux cent mille francs sur les achats ou indemnités, et trois cent mille en supprimant la chaussée ou bâtardeau pour élever la rivière, en supprimant le tiers du canal d'amenée en longueur, et surtout la partie la plus coûteuse de ce canal dans les rochers entre Carrière et St-Privat. La dépense totale ne serait plus que de quinze cent mille francs, comme nous l'avons déjà détaillé ailleurs; mais aussi, au lieu de cinq cents pouces, on n'aurait plus par les machines que quatre cents pouces d'eau au plus, ce qui serait encore, à mon avis, plus que suffisant pour Nimes, si l'on y joint les sources du parcours, l'eau de la réserve et le produit de la Fontaine.

On pourrait diminuer encore la dépense si l'on consentait à restreindre les produits : ainsi, en n'achetant pas le moulin de St-Privat, on pourrait se contenter de dériver les eaux du Gardon au-dessous, au moyen d'une chaussée qu'on bâtirait à 500 mètres à peu près en amont du Pont-du-Gard. Là se trouve un endroit qui semble préparé pour établir une prise d'eau à peu de frais, tellement la rivière est étroite et encaissée dans les rochers.

En établissant la prise d'eau en cet endroit, on perdrait deux mètres de chute, mais la dépense totale ne serait plus que de douze à treize cents mille francs pour environ trois cents pouces d'eau élevée.

Veut-on plus d'économie encore? la ville se contentera-t-elle provisoirement, et comme premier essai d'un établissement fait sur la chute seule du moulin de Lafoux? alors, il est vrai, l'on n'élèvera que cent ou cent cinquante pouces d'eau, mais une dépense d'un million sera suffisante. Il nous semble que pendant longtemps encore la ville de Nimes pourrait se contenter de ce parti, car elle aurait :

Ce que sa belle Fontaine lui donne à l'étiage, soit........................ 100 pouces.

Ce que donnerait l'aqueduc tranformé en réservoir, qu'on remplirait quand les

A reporter....... 100 pouces.

Report	100 pouces.
sources sont abondantes, et qu'on viderait pendant les cinquante jours de plus grande sécheresse, ci..........	50
Ce qu'on peut espérer au moins des sources qui sont sur le parcours de l'aqueduc.........................	15
Ce que donnerait au moins la machine de Lafoux....................	135
Total	300 pouces.

C'est-à-dire, cent pouces de plus que ce qu'on a à Toulouse, et cinquante pouces de plus que ce qu'on désire avoir.

En résumé, si, comme je le conseille, on se décide pour la restauration de l'aqueduc romain de Nimes à Lafoux, et pour l'établissement, sur ce point, de machines mues par le courant de la rivière, voici les tableaux divers de la quantité d'eau qu'on obtiendra suivant la dépense qu'on voudra faire.

N° 1.

Si l'on prend l'eau à Montpezat, on aura à Lafoux dix mètres de chute : on élèvera environ 500 pouces d'eau, et il en coûtera :

Achat des moulins de Montpezat, de Seynes, de Carrière, de St-Privat, de Lafoux	500,000 fr.
Construction de la chaussée de prise	
A reporter.........	500,000 fr.

Report..........	500,000 fr.
d'eau et canal d'amenée............	500,000
Deux machines pour élever les eaux à Lafoux......................	200,000
Bâtiment pour les contenir, ou château-d'eau......................	100,000
Restauration et rachat de l'aqueduc romain	600,000
Dépenses imprévues..............	100,000
Total, pour donner 500 pouces d'eau sur la terrasse de la Fontaine à Nimes..	2,000,000 f.

N° 2.

Veut-on modérer la dépense en ne prenant l'eau qu'à St-Privat ? on aura :

Pour l'achat des moulins de St-Privat et de Lafoux......................	300,000 fr.
Canal d'amenée.............. ...	200,000
Deux machines à élever les eaux...	200,000
Château-d'eau	100,000
Restauration de l'aqueduc romain..	600,000
Imprévues......................	100,000
Total	1,500,000 fr.

La dépense ne sera plus que de quinze cent mille francs ; mais comme on n'aura plus qu'une chute de cinq à six mètres, on n'aura plus que quatre cents pouces de produit au plus.

N° 3.

Veut-on éviter l'achat des moulins de St-Privat et se contenter de construire une chaussée et d'établir la dérivation au-dessus du Pont-du-Gard ? il faudra :

Chaussée du Pont-du-Gard, achat de Lafoux	200,000 fr.
Canal d'amenée	100,000
Deux machines plus faibles	150,000
Bâtiment	50,000
Aqueduc romain	600,000
Somme à valoir	100,000
Total	1,200,000 fr.

La dépense n'étant plus que de douze cent mille francs avec une chute de 4 m. 50 c. on n'aura plus que trois cents pouces d'eau d'élevés.

N° 4.

Veut-on faire un premier essai *provisoire* ? veut-on éviter de construire une digue et un canal d'amenée? veut-on n'employer que la chute de Lafoux ? on dépensera seulement :

Achat des moulins de Lafoux	150,000
Une machine à deux équipages indépendans comme à Toulouse	100,000
Bâtiment pour la renfermer	50,000
Restauration de l'aqueduc romain de Lafoux à Nimes	600,000
Somme à valoir	100,000
Total	1,000,000 fr.

On ne dépensera donc qu'un million. On aura une chute efficace de 2 m. 50 c. (dix centimètres de plus qu'à Toulouse), et on aura au minimum huit mille pouces d'eau à débiter (presque le double de ce qu'on débite à Toulouse). On élèvera ainsi cent cinquante pouces d'eau.

Qu'on ne perde pas de vue que, soit qu'on choisisse le projet qui élèvera cinq cents pouces, quatre cents pouces, trois cents pouces de l'eau du Gardon, soit qu'on se contente de celui qui n'en donnera que cent cinquante pouces, il faudra toujours ajouter à ces produits les cent soixante-cinq pouces qu'on aura d'ailleurs, de la Fontaine, de l'aqueduc comme réservoir et des sources qui s'y trouvent. Ainsi, même dans le projet le plus restreint, Nimes aurait toujours *trois cents pouces* et plus, c'est-à-dire trois fois autant qu'il en a maintenant, et cela pour un million, c'est-à-dire dans dix ans à cent mille francs par an. Déjà, au bout de cinq ou six ans, les premiers soixante-cinq pouces lui seraient acquis.

VI.

J'adopte donc pleinement l'idée de Delon, de restaurer l'ancien aqueduc depuis Nimes jusqu'à Lafoux, et d'élever là l'eau du Gardon par des machines mues par le Gardon lui-même.

Je me joins pleinement à M. Bouchet pour proclamer que cette idée est la plus économique et la meilleure.

Je me joins à M. Bouchet pour adopter une machine mue par le courant à l'exclusion absolue de la machine à vapeur.

Mais je me sépare absolument de M. Bouchet, dès qu'il propose d'élever les eaux au moulin Labaume, à St-Privat et à Lafoux, par trois usines différentes, pour les conduire à l'aqueduc romain. Le moulin Labaume est trop éloigné et les difficultés sont trop grandes pour qu'on doive aller jusque là.

Il faut éviter d'ailleurs d'avoir plusieurs établissemens pour élever les eaux : cela double ou triple tout de suite la dépense et le personnel, et il est bien plus facile d'amener de loin, à une petite hauteur la quantité d'eau motrice quoique plus considérable, que d'amener à cinquante mètres *en l'air*, la petite quantité d'eau qu'on veut conduire à Nimes.

Plus on s'élève sur les flancs des collines, plus les *combes* deviennent profondes et exigent que les canaux fassent d'immenses sinuosités. On en aura une preuve bien évidente, si l'on compare ce que coûterait un canal d'amenée, parallèle à peu près à la route du Pont du Gard jusqu'à Lafoux, avec ce que coûta aux Romains sur le même trajet leur canal à l'élévation de Nimes. Notre canal ne ferait guère plus de sinuosités que la route et n'exigerait aucun ouvrage d'art, tandis que les Romains furent obligés de contourner ou de franchir sept *combes* profondes ; le développement de l'aqueduc devint le quatruple de la distance réelle, et il fallut plusieurs ponts-aqueducs très-coûteux.

Je veux donc qu'on n'aille pas prendre l'eau du Gardon plus loin que Montpezat, et je veux qu'on l'élève non à Montpezat mais à Lafoux où on la conduira par un canal à pente. Je conseille même qu'on aille moins loin, qu'on s'arrête pour la prise au Pont-du-Gard, ou tout au moins à St-Privat. Ainsi, l'on pourra créer à Lafoux une chute de cinq à dix mètres et une force capable d'élever de trois à cinq cents pouces dans l'ancien aqueduc. On peut même réduire encore la dépense et le produit, comme je l'ai déjà expliqué.

L'un de ces projets est tout ce qui peut convenir à la ville, et c'est en définitif ce que je propose.

Lafoux est un lieu privilégié pour ce qui concerne les eaux de Nimes ; c'est un point précieux pour l'exécution de tous les projets ; un point vers lequel il faut nécessairement se diriger de prime abord, car, à quelque origine qu'on demande des eaux, c'est à Lafoux qu'il faut passer pour les obtenir de la manière la plus fructueuse.

Lafoux est le lieu où un courant d'eau suffisant se trouve le plus rapproché et le plus abordable.

De Nimes à Lafoux le trajet des eaux est possible, puisqu'elles y ont déjà passé dans l'aqueduc romain.

Cet aqueduc ancien, il est facile de le rétablir puisque la ligne de nivellement est partout reconnaissable et que les trois quarts de la construction sont encore dans un état de conservation parfaite.

C'est donc la voie la plus économique pour faire

arriver à Nimes un cours d'eau quelconque, et celle sur laquelle les travaux seront le moins longs.

Sur ce parcours, il existe des sources qu'on peut conquérir en passant : on ne sait pas si on aurait le même avantage ailleurs. — L'aqueduc une fois restauré pourra contenir assez d'eau pour en fournir cinquante pouces pendant la sécheresse. — L'étang de Lognac serait encore un vaste et puissant réservoir. Nous ne reviendrons pas sur le produit des machines que l'on peut établir à Lafoux. Telles sont donc les *ressources prochaines*, *les résultats faciles à obtenir* pour lesquels aucune autre direction, aucun autre emplacement ne peuvent entrer en parallèle avec ce que nous proposons.

Mais, veut-on n'accepter *ces petits projets que comme provisoires?* — préfère-t-on les grandes entreprises? veut-on rétablir tout l'aqueduc des Romains? — veut-on aller jusqu'à Uzès? veut-on reprendre les eaux des fontaines d'Eure et d'Airan, y joindre celles de la rivière de Seynes? — aspire-t-on à aller jusqu'à l'étang de la Capelle, jusqu'au Cèze avec M. Labaume, jusqu'au Rhône avec M. d'Hombres? c'est à Lafoux et toujours à Lafoux qu'il faut passer. — Quel que soit, parmi tous ces systèmes, celui qu'on affectionne, c'est donc la seule direction qu'on doive prendre.

Il y a plus ; si malgré la pénurie des eaux à Ners et à Boucoiran à l'étiage, si malgré leur mauvaise qualité, si malgré le prix auquel il faudra les acquérir, si malgré qu'elles soient indispensables aux habitans de la contrée, on persiste à vouloir prendre, à vouloir conduire à Nimes, par une rigole à pente, les eaux du Gardon dérivées sur ce point, eh bien! je dois le dire, *même pour ce projet que j'improuve*, c'est encore à Lafoux qu'il faut faire passer le canal.

Il faut, à tout prix, éviter des percés de dix mille mètres, de deux lieues de long, pour lesquels il est impossible de calculer d'avance, même approximativement, ni le temps, ni la dépense. — Il vaut cent fois mieux faire quatre lieues en plaine et à ciel ouvert, que deux lieues au travers des rochers, en perçant des montagnes; il serait donc plus économique et plus sage de tourner la chaîne qui défend les approches de Nimes, plutôt que de la percer, et le meilleur parti serait de conduire à Nimes le Gardon pris à Ners, en le faisant passer par Cruviers, Brignon, Moussac, St-Dézéry, Garrigues, Bourdic, Arpaillargues et Uzès.

A Uzès on rencontrerait l'ancien aqueduc qu'on restaurerait jusqu'à Nimes.

Quel que soit donc le système qu'on préfère, c'est à la restauration de l'aqueduc romain, et à la partie qui s'étend de Nimes à Lafoux *qu'on doit nécessairement consacrer les premières dépenses, effectuer les premiers travaux....*

A présent qu'on sait positivement quelle est mon opinion dernière, à présent qu'on sait où je veux en venir, je pourrai reprendre mes travaux dans leur ordre naturel, et poursuivre, sans dévier, ma revue historique que j'avais été obligé d'interrompre dans l'ordre du temps, pour établir clairement ma position.

Je vais donc revenir sur les projets anciens ou nouveaux que je n'ai pas encore fait connaître, et je ne doute pas que leur étude ne me fournisse encore de nombreux et solides argumens en faveur de celui que j'ai adopté d'une manière définitive.

Anduze, le 14 juin 1843.

ABANDON DE TOUT PROJET DE PRENDRE LES EAUX DANS LA VALLÉE DU VISTRE.

De ce que nous avons avancé dans nos derniers articles sur le prix élevé de la vapeur comme force motrice, de ce que nous avons dit sur les avantages et sur l'économie d'une chute ou d'un courant de rivière, il résulte forcément que nous devons rejeter tout projet de prendre dans le voisinage de Nimes, au pied de ses coteaux, en un mot, dans la vallée du Vistre, les eaux dont nous avons besoin.

Nous avons cherché à établir, il y a un an, dans la première partie de ce travail, nous ne le nions pas : — « Qu'on trouverait de l'eau tout près de Nimes, » si l'on se résignait à l'élever par des moyens mé- » caniques.... Qu'on l'aurait presque pour rien, fraî- » che et salubre... Qu'il fallait abandonner le projet » de pompes placées au loin quand on pouvait les pla- » cer chez soi, pour ainsi dire, dans l'enceinte de la » ville.... — Que Nimes reposait sur ou tout près » d'une nappe d'eau abondante, inépuisable, existant » à une petite profondeur, et qu'il serait bien plus » facile d'y puiser avec des machines à vapeur que » d'élever l'eau du Gardon ou du Rhône.... — Qu'on » épargnerait ainsi la restauration de l'aqueduc ro- » main ou la construction de tout autre.... Qu'un

» canal long et dispendieux serait inutile dès qu'on
» aurait trouvé les eaux aux portes de la ville, peut-
» être même dans son enceinte... »

Il y a là bien des choses exactes et vraies, et cependant la conclusion principale ne l'est plus. Une partie de notre premier écrit constatait des faits d'un certain ordre qui nous paraissaient importans : si des observations plus récentes avaient détruit la vérité de ces faits nous ne craindrions pas de l'avouer, car pourquoi une année de plus d'observations et de recherches ne pourrait-elle pas à juste titre modifier nos jugemens? Mais les faits sont restés tels que nous les avions observés, seulement, notre horizon s'étant aggrandi, des faits nouveaux exigent un changement dans nos conclusions. S'il y avait là contradiction, elle serait certainement bien excusable, mais elle est toutefois plus apparente que réelle.

Il résulte toujours, de la constitution géognostique du sol nimois, de la considération des sources, des norias des environs, des puits nombreux de la ville, et de tout ce que nous avançâmes dans le principe, qu'une longue tranchée souterraine réunirait la quantité d'eau nécessaire.

Vu la longueur que nous lui avions donnée, cette tranchée devait coûter un million; mais nous pensions alors que cette longueur pourrait être diminuée : cette opinion s'est encore fortifiée dans notre esprit, et nous croyons que, pour atteindre le but, il ne serait pas obligatoire de pousser la tranchée jusqu'à Lognac ou Bezouce; qu'il suffirait du tiers ou du quart de ce parcours, et qu'au lieu de dépenser un million on ne dépenserait que cinq ou six cent mille francs.

Malgré cette réduction de dépense, nous n'en devons pas moins conseiller l'*abandon de tout projet de prendre et d'élever les eaux dans la vallée du Vistre*... Comme au premier abord cette conclusion paraitra singulière, nous sommes obligé de la motiver, et c'est ce que nous ferons tout-à-l'heure.

Dans notre seconde partie, dans celle que nous terminons aujourd'hui, nous sommes revenus (page 284), sur ce système d'une tranchée dans la vallée du Vistre, soit depuis Lognac jusqu'à Nimes, soit de Nimes à Bouillargues, et déjà certains doutes ayant traversé notre esprit, nous ne pouvions plus nous prononcer avec autant de confiance sur ce moyen que nous avions d'abord recommandé *comme le plus facile et le plus économique*.

Nous ne redoutions pas que l'eau vînt à manquer dans les tranchées; tous les genres de preuves établissent qu'une lame d'eau se trouve partout dans cette vallée à une petite profondeur : mais nous commençions à craindre, et nous l'énonçâmes alors, qu'un puisage incessant, de deux ou trois cents pouces ne tendît à dessécher, peu à peu, soit les puits de la ville, soit les jardins potagers, soit les propriétés voisines. Ajoutons que si la tranchée d'appel arrivait trop près de la *Fontaine*, on en dérangerait peut-être l'économie....

Sous l'effet de ces préoccupations, nous indiquions

une expérience peu coûteuse, qu'il serait prudent de faire sur le puits-à-roue *Renaud* ; mais au cas où, par un motif quelconque, cette expérience ne serait jamais tentée, pour arriver indirectement à la connaissance de points très-importans dont l'étude immédiate nous serait refusée, voici quelques faits connexes qui ne nous paraissent pas sans portée.

Dans les grandes sécheresses, comme celles de 1819, de 1825, de 1837, tous les norias de la plaine du Vistre baissèrent beaucoup, et un grand nombre fut complètement à sec. Les propriétaires s'empressèrent de les nettoyer, de les approfondir. Ce creusement, dans un terrain perméable, fut suffisant pour amener dans chaque puisard les eaux d'un certain rayon ; mais cette ressource était bornée, et quand on avait vidé cette espèce de fosse l'eau n'y revenait que très-lentement. Si la sécheresse avait duré davantage, il aurait fallu de temps en temps user du même procédé, c'est-à-dire approfondir les puits et creuser chaque fois de trois à quatre pieds, pour qu'une couche nouvelle pût fournir l'eau qu'on eût appelée dans un point plus bas.

Dans des circonstances pareilles, la même nécessité ne se présenterait-elle pas pour notre longue tranchée d'appel, et ne faudrait-il pas travailler à l'approfondir, précisément dans ces années de sécheresse extrême où Nimes aurait le plus grand besoin que le puisage ne fût pas interrompu ?....

De plus, il n'est pas douteux à mes yeux maintenant, qu'une tranchée longue et profonde mettrait successivement à sec les norias et les puits du voisinage. En effet, dans notre plaine, les norias rapprochés sont solidaires les uns des autres. Pendant les sécheresses que nous avons déjà mentionnées, lorsqu'on puisait longtemps sur l'un deux, les plus voisins ne tardaient pas à s'en ressentir et à baisser. Si l'effet ne fut pas plus étendu, plus général, c'est, sans doute, parce que le puisage n'est pas continu, mais seulement intermittent pour les besoins domestiques ou pour ceux de l'horticulture. Les norias chòment pendant la forte chaleur du jour et une partie de la nuit; alors, probablement, l'eau y revenait goutte à goutte et l'équilibre se rétablissait.

Ces considérations ne seraient-elles pas un motif de renoncer à prendre l'eau pour Nimes dans la plaine du Vistre, si, d'ailleurs, nos ressources pécuniaires nous permettaient d'en prendre dans un lieu où un puisage considérable n'aurait pas de pareils inconvéniens.

Eh bien! il ne nous est pas difficile de prouver aujourd'hui, ce qui doit étonner au premier abord, nous le concevons : — Que, même sous le rapport de la dépense, *il est plus avantageux de prendre l'eau à Lafoux qu'aux portes de la ville.*

Nous avons dit dans notre première partie (page 57): — « Qu'au lieu d'aller pomper pour Nimes de l'eau à » Comps ou au Pont-du-Gard, il nous semblait beau- » coup plus raisonnable et plus logique de la pomper » à Nimes même; que nous l'aurions ainsi meilleure » et moins chère.... »

Cette proposition nous paraîtrait encore incontestable, si l'on devait se servir *du même moyen* pour élever les eaux à Nimes, à Comps et à Lafoux. Mais du moment qu'il faut nécessairement employer à Comps et à Nimes un moyen dispendieux comme la vapeur, *tandis qu'à Lafoux, la rivière peut fournir sans dépense un moteur naturel et incessant*, alors la proposition change du tout au tout. Pour la résoudre, sous cette forme nouvelle, il n'y a plus qu'à examiner si les frais du moteur artificiel dans un projet ne dépassent pas ceux du canal d'amenée que nécessite dans l'autre l'éloignement des machines d'ascension. Cette comparaison, nous allons la faire.

On s'apercevra tout de suite que, dans ce parallèle, Comps doit être mis à l'écart, parce que, d'un côté plus éloigné de Nimes que Lafoux, il faudrait, d'autre part, y élever les eaux au moyen de la vapeur à une hauteur plus grande qu'en les prenant sous les murs de la ville (59e au lieu de 30e). Lafoux et la vallée du Vistre sont les seuls points qu'on puisse opposer l'un à l'autre.

Quand j'ai discuté le projet Bouchet, j'ai établi que pour douze ou quinze cent mille francs on pourrait, *en prenant le Gardon pour moteur*, élever et conduire à Nimes de deux à trois cents pouces d'eau. — Qu'en coûterait-il pour élever aux portes de Nimes la même quantité d'eau *par une machine à vapeur*, et pour la conduire au même point? — Telle est la question.

D'après l'avant-projet que contient ma première partie, la tranchée dans la vallée du Vistre devait coûter un million. Je soupçonnais alors, et je crois aujourd'hui que la moitié de ce travail pourrait suffire, et, bien que cela aille contre mes conclusions actuelles, je dois, de bonne foi, restreindre à cinq cent mille francs la dépense de cette tranchée au fond de laquelle il faudra puiser. Mais il n'importe; malgré cette réduction, ce projet sera toujours plus dispendieux que celui par lequel on prendrait les eaux à Lafoux.

Dans la tranchée du Vistre les eaux seraient au moins à dix mètres en contre-bas de l'Esplanade, ci.................................. 10 m.

L'Esplanade est à sept mètres en contre-bas de la plate-forme des hémicycles de la Fontaine. 7

Et cette plate-forme elle-même est à près de dix mètres au-dessous de celle du bassin ovale au pied du Mont-d'Haussez, dans lequel l'aqueduc romain pourrait déverser......... 10

Total.............. 27 m.

Pour que les eaux puisées au voisinage de la ville pussent arriver au même point que celles qu'on amènerait de Lafoux par l'aqueduc antique, il faudrait donc les élever de vingt-sept mètres et même de trente comme nous le verrons tout-à-l'heure, à cause de la pente inverse que la nature des lieux obligerait de donner à la conduite qui les dirigerait du château-d'eau jusqu'au-dessus de la *Fontaine*. On aurait donc à les élever de sept mètres de plus qu'à Toulouse.

La hauteur qui nous est nécessaire est toujours celle

du point d'arrivée de l'ancien aqueduc romain, car si la ville s'impose de grands sacrifices, si elle se livre à une dépense considérable, il est indispensable qu'elle donne de l'eau aux quartiers élevés auxquels la *Fontaine* ne peut atteindre.

Ce projet, de prendre les eaux sous l'Esplanade, paraît encore à quelques personnes, comme nous le jugeâmes en commençant, *le plus économique et le plus simple.* Qu'on réfléchisse pourtant que, pour le réaliser, il faudrait construire la tranchée que nous avons mentionnée ; qu'il faudrait deux fortes machines à vapeur, un château-d'eau pour les établir ; qu'il faudrait, de plus, conduire les eaux au travers de la ville dans des tuyaux de fer, par regonflement, au moyen d'une conduite en syphon renversé, depuis le château-d'eau qui se trouverait sous l'Esplanade, jusqu'à la rencontre de l'aqueduc romain ou jusqu'au-dessus de la *Fontaine* suivant le côté de la ville par lequel on voudrait passer.

L'établissement d'une conduite qui amène, sans perte, deux ou trois cents pouces d'eau, à une distance de plus de mille mètres et à vingt-sept mètres d'élévation, exige des soins particuliers, puisque la masse liquide doit remonter contre son propre poids sous une pression de trente mètres. Ces tuyaux seront très-sujets à perdre et à s'obstruer, surtout si l'eau dépose. Ils devront être contenus dans un grand aqueduc en maçonnerie. Le tout coûtera plus de cent francs le mètre courant, et comme cette conduite-mère devra nécessairement être double, pour éviter de fréquentes interruptions dans le service, ce serait une dépense de deux cent mille francs.

On ne pourrait éviter ces aqueducs et ces tuyaux souterrains qu'en y suppléant par une arcature semblable à celle du Peyrou de Montpellier, à laquelle on ferait suivre le périmètre de la ville jusqu'aux collines du chemin d'Uzès; mais alors la dépense serait bien plus forte.

En résumé, si l'on voulait prendre dans la plaine du Vistre les eaux dont la ville a besoin, il faudrait

dépenser pour les tranchées au moins..	500,000 f.
Pour le château-d'eau..	100,000
Pour les machines	100,000
Pour la double conduite allant du château-d'eau à la terrasse du Mont-d'Haussez dans le bassin ovale.......	200,000
Dépense annuelle de combustible, d'entretien des machines et de personnel, pour élever à trente mètres deux à trois cents pouces d'eau, quatre-vingt mille francs, qui, capitalisés, donnent.	1,600,000
Somme à valoir	100,000
Total de la dépense de ce projet...	2,600,000 f.

Bien que nous n'ayons besoin de l'eau qu'à vingt-sept mètres, il faut pourtant l'élever à trente, à cause de la charge nécessaire pour la faire marcher par regonflement dans une conduite de mille mètres de longueur, à laquelle il faudrait donner de trop fortes dimensions si l'on n'avait une vitesse convenable.

On le voit donc, quoique la chose paraisse singulière au premier abord, et malgré l'avantage de la proximité, l'établissement hydraulique qu'on ferait au-dessous de l'Esplanade coûterait à peu près le double de celui que nous proposons à Lafoux, et cela, sans donner plus de produit. La cause en est évidemment dans la grande dépense annuelle de combustible, d'entretien des machines et de personnel, qui, capitalisée, dépasse de beaucoup la somme nécessaire à la restauration de l'aqueduc romain depuis le Gardon.

Certes, *si cette rivière ne pouvait pas servir de moteur à Lafoux*, s'il fallait y employer la vapeur comme à Nimes, nul doute qu'il ne valût mieux, ainsi que nous le proposions l'an dernier, prendre l'eau sous la ville même. Telle est l'explication de notre opinion première qui peut se concilier, on le comprend, avec notre opinion d'aujourd'hui. Mais dès que nous nous sommes assuré que le Gardon nous fournirait à Lafoux un moteur naturel et suffisant, tandis qu'il faudrait toujours employer la vapeur] à Nimes, alors les termes de comparaison n'ont plus été les mêmes ; alors, la distance n'a plus été une objection valable contre La'oux, et le point le plus éloigné a bien réellement mérité la préférence.

Nous l'avons vu, d'ailleurs, il peut y avoir quelque danger pour l'avenir à pomper, sans interruption, une grande masse d'eau si près de Nimes. — Quelque faible que ce danger puisse paraître aux uns, quelque improbable qu'il puisse être aux yeux des autres, la crainte seule de son existence me ferait hésiter à proposer aujourd'hui un grand établissement de puisage au pied de la ville. Pour une économie de quelques centaines de mille francs, la responsabilité serait assurément trop grande.....

Mais, dès le moment que les inconvéniens subsistent et que l'économie n'y est plus ; dès le moment qu'en s'exposant à dessécher encore un pays déjà privé d'eau, *il est constant qu'on aura plus d'argent à dépenser qu'en y conduisant des eaux nouvelles*, alors, les deux projets sont certainement jugés, car, tous les inconvéniens sont d'un côté, et tous les avantages sont de l'autre. Veut-on regarder les dangers que j'ai signalés comme complètement illusoires, je ne m'y oppose pas, — le projet de Lafoux aura toujours pour lui l'avantage singulier et suffisant d'une grande économie.

Et qu'on ne nous dise pas : — « Vous exagérez à
» plaisir la dépense du projet que, dans le principe,
» vous aviez créé et défendu, et que vous abandonnez
» aujourd'hui : car, pendant neuf mois de l'année,
» la *Fontaine* donne plus d'eau qu'il n'en faut, et
» nous n'aurons besoin de la machine à vapeur que
» pendant trois mois : nous ne dépenserons que vingt-
» cinq ou trente mille francs en charbon ou frais ac-
» cessoires, au lieu de quatre-vingts que vous estimez.»

L'argument serait bon si Nimes était bâti dans une plaine et si l'eau de la *Fontaine* pouvait se répandre partout. — Mais puisque notre belle source est trop bas pour un bon tiers des quartiers de la ville, qu'importe à ces quartiers son abondance pendant toute l'année ou seulement pendant neuf mois ?

Le programme municipal veut, et c'est avec raison, qu'on amène des eaux qui atteignent aux quartiers les plus élevés. — Ces quartiers doivent avoir des fontaines jaillissantes comme les autres, et quand on les leur aura données il faudra bien aussi qu'elles coulent, non pas pendant trois mois, mais pendant toute l'année.

Quand j'accorderais que la pompe à feu n'eût à fonctionner que pendant un trimestre, la dépense du projet à puisage local serait encore de près de deux millions pour cette fourniture temporaire.

L'eau prise à Lafoux et conduite à Nimes, ne doit coûter au contraire que douze ou quinze cent mille francs : elle sera plus abondante, elle coulera toujours ; on ne nuira à personne, on rafraîchira la contrée au lieu de la dessécher..... Entre ces deux projets pourrait-on hésiter ?

Pour moi, du moins, la question n'est pas douteuse ; — je mets de côté tout amour-propre d'auteur, j'oublie mon ancienne prédilection et j'énonce formellement : — *Qu'il ne faut plus penser à demander à la vallée du Vistre l'eau dont nous avons besoin, et qu'il faut, en dernière analyse, recourir uniquement à* LAFOUX.

Anduze, le 10 juillet 1843.

CONCLUSION.

En terminant la première partie de mes recherches sur la question des eaux de Nimes, j'énonçai — que, de tous les projets, mis en avant à diverses époques, trois seulement méritaient une sérieuse attention : — Celui de puiser les eaux dans la vallée du Vistre, — celui de les élever à Lafoux, — et celui de les prendre à Boucoiran.

Arrivé à la fin de ma seconde livraison, j'ai prouvé qu'il fallait supprimer le premier de ces trois projets, celui qui chercherait les eaux dans le voisinage de Nimes ; Lafoux et Boucoiran restent donc seuls en présence. Débattre sérieusement leurs avantages et leurs inconvéniens respectifs, tel sera l'objet principal de ma livraison prochaine. — Quoiqu'elle ne soit pas encore prête à paraître, je m'en suis déjà bien occupé ; les matériaux sont presque tous réunis, et ma conclusion dernière sera, je puis le dire ici d'avance : *Que Boucoiran doit être tout-à-fait abandonné, et que Lafoux doit rester exclusivement maître du champ de bataille.*

Mais pourquoi, me dira-t-on, reculer de plusieurs mois encore l'époque où vous nous donnerez les motifs de cette opinion ? Pourquoi ne pas terminer immédiatement ? A cela je répondrai :

Mon observation personnelle m'a appris qu'il ne fallait pas trop se hâter dans une question difficile et compliquée, car j'ai reconnu fausses plus tard, et j'en ai franchement convenu, des choses que j'avais d'abord acceptées comme vraies. — L'étude et la persévérance sont souvent plus utiles que la science et l'habileté. — Les documens dont j'ai besoin ne sont pas tout-à-fait dans mes mains, et quelquefois des preuves, des renseignemens nouveaux me sont venus d'un côté où je ne les attendais guère. Je n'ai pas encore pu tout voir, tout explorer par moi-même pour calculer d'après mes propres observations, et cependant je me suis fait une loi de n'admettre ou rejeter une chose d'une manière absolue qu'après l'avoir directement étudiée.

Avant que de publier mon jugement définitif sur les projets qui ont Boucoiran pour point de départ, et qui amèneraient les eaux à Nimes par un percé, deux points capitaux me restent à résoudre, pour lesquels il faudra bien deux mois d'études sur le terrain ; ces points les voici :

Quelle quantité d'eau le Gardon, pris à Boucoiran, peut-il fournir à l'étiage? .

Pour les percés, pour les tranchées à faire, quelle direction doit-on préférer parmi celles qu'ont indiquées MM. Delille, Valz, Perrier, ou celle que nous avons proposée nous-même?...

Nos lecteurs pensent, peut-être, que ces questions fondamentales sont depuis longtemps résolues; nos lecteurs sont dans une grande erreur. Elles devraient l'être sans doute, puisque la question des eaux est débattue depuis bien des années, et pourtant il n'en est rien.

Ainsi, par exemple, pour la qantité d'eau que peut fournir le Gardon, plusieurs personnes honorables s'en sont occupées ; sept mesurages, plus ou moins officiels, sont venus à ma connaissance ; veut-on savoir de combien ils diffèrent ? — *C'est seulement de quatre cents pouces à quinze mille deux cent quatre-vingts*, c'est-à-dire, dans le rapport de trente-huit à un.

Personne assurément ne soutiendra qu'une telle divergence parmi les investigateurs de l'un des élémens principaux de la question soit une chose satisfaisante, et qu'il n'y ait pas nécessité de reprendre et de refaire des observations, des calculs aussi incertains.

Les auteurs de projets peuvent se laiser aller à des exagérations intéressées, on n'en voit que trop d'exemples ; mais les commissions d'examen qu'on ne manque jamais de nommer, et qui devraient réduire à leur juste valeur, les allégations erronnées, comment acceptent-elles, sans contrôle, de confiance, de pareilles anomalies ?

Un grand abandon, tant sur l'ensemble que sur les détails de vérification, a toujours régné pour les divers projets mis en avant ; de plus, ces commissions ont toujours omis ou du moins traité d'une façon tout-à-fait superficielle la chose qui me paraît la plus importante : *la comparaison critique entre ces projets.* Ainsi, pour ne parler que de ceux qui ont Boucoiran pour point de départ : — En 1783, M. Delille en présenta un qui fut jugé *exécutable, utile, et qui fut approuvé par la commission d'examen* ; c'était bien, c'était le premier.

Le manque de fonds ayant empêché la ville de l'exécuter, M. Valz en présenta un autre, quarante ans après, qui avait le même point de départ, le même point d'arrivée, et qui amenait les mêmes eaux. Une et plusieurs commissions trouvèrent à leur tour ce nouveau projet *très-exécutable et très-utile*, mais on ne pensa nullement au point capital, c'est-à-dire à la comparaison des plans, des devis, des tracés de M. Valz avec ceux de son prédecesseur. Cependant, comme deux propositions qui diffèrent ne sont jamais également bonnes, l'essentiel, ce me semble, avant que de se décider, sera toujours de bien comparer pour bien choisir.

Les empêchemens pécuniaires à part, il sera toujours physiquement exécutable et utile pour la ville de Nimes d'y conduire l'eau du Gardon prise à Boucoiran ; mais, dès le moment qu'entre ces deux points plusieurs chemins sont indiqués, l'essentiel, l'indispensable n'est-il pas de les comparer minutieusement, afin d'adopter le meilleur et de rejeter tous les autres ?

Ce qu'on aurait dû faire à l'époque où M. Valz présenta son projet, à plus forte raison devait-on le faire encore lorque M. Perrier offrit le sien. En 1839, on ne pouvait avoir *oublié ni perdu* le projet présenté, étudié, accepté en 1832, et dès le moment que les eaux à dériver étaient les mêmes, ainsi que le point de départ et une grande partie du parcours, comme il n'y pas lieu de comparer des choses identiques, l'examen devait porter exclusivement sur les points qui différaient ; mais cet examen devait être sérieux.

La comparaison devait être minutieuse, complète ; on devait procéder point par point, estimation par estimation, difficulté par difficulté. Chaque commission a déclaré *bon*, le projet qu'elle avait à examiner ; c'est très-bien, sans doute, mais ce n'est pas la moitié du travail.

Nimes a certainement appris *tro s fois* avec satisfaction qu'il y avait trois moyens *utiles et exécutables* de lui donner par une rigole à pente les eaux de Boucoiran.... Il y a plus, Nimes a été charmé *vingt fois*, sans aucun doute, qu'on lui prouvât qu'on pouvait, dans d'autres directions, réaliser *vingt bons projets* pour lui fournir de l'eau ; — c'était beaucoup, mais cela suffisait-il ?....

Entre tant de bonnes choses, l'embarras du choix restait encore ; — ce qui importait le plus et ce qu'on n'a jamais suffisamment éclairci, c'était de savoir lequel de tous ces *bons* projets était définitivement le *meilleur*.

Voilà ce qu'on est loin d'avoir jamais établi d'une manière complète et solide. *Le dernier projet présenté* a obtenu, nous n'en disconvenons pas, la *dernière préférence* ; mais, pour le public du moins, ce dernier choix n'a pas été suffisamment motivé.

On le voit donc, il importe que ces deux questions fondamentales, — de la quantité d'eau qui existe dans le canal Calvière, — et de l'emplacement à donner aux tranchées et aux percés, — soient reprises et débattues, et c'est ce que nous comptons faire incessamment. De cet examen doit résulter une connaissance plus exacte de l'argent qu'il faudra dépenser, du temps qu'on aura à attendre, du produit qu'on pourra obtenir.

Nous déterminerons, cet été, par des observations directes, par des mesurages et par une méthode nouvelle, applicable même rétrospectivement, quelle est la quantité d'eau que le Gardon fournit à l'étiage, à Boucoiran, pendant les années pluvieuses, pendant les années moyennes et pendant celles de grande sècheresse. Nous vérifierons tous les mesurages et les nivellemens, nous reviendrons sur toutes les lignes de tranchées et de percés indiquées par MM. Delille, Valz et Perrier, et sur d'autres encore, si nous en découvrons de préférables. — Nous donnerons un plan général de la chaîne et de toutes les directions qu'on peut prendre pour la traverser; nous donnerons de plus, dans un tableau synoptique dressé sur une échelle uniforme, la coupe de tous les percés, de toutes les tranchées qu'on a proposés jusqu'à ce jour.

En voyant ainsi, sur la même feuille, les unes au-dessous des autres, les rigoles à pente de Boucoiran à Nimes fidèlement représentées d'après les projets de leurs auteurs, chacun pourra faire la comparaison, pour ainsi dire au premier coup d'œil; et, touchant comme du doigt les difficultés, appréciant les avantages, chacun saisira clairement, nous l'espérons, la solution qu'il faut donner au problème.

Dire que ces opérations géométriques et que leurs

tracés seront faits sous la direction de M. le capitaine Bernard, c'est donner une garantie assurée de leur exactitude. Sur ce travail, nous comparerons article par article, plans et devis en mains, les projets de nos trois auteurs, à l'effet de savoir positivement lequel d'entr'eux il conviendrait réellement d'exécuter, comme étant le plus productif, le plus facile ou le moins coûteux. — Ce choix est nécessaire, en supposant que la ville ne soit pas complètement dégoûtée de tous les projets, *sans exception*, par lesquels on veut amener les eaux de Boucoiran.

Quant à nous, quel que soit le résultat de cette comparaison, qui devrait avoir été faite depuis longtemps, entre les projets qui se rapportent à cette direction particulière; quel que soit le projet qu'on doive proclamer le meilleur pour amener, par des tranchées et des percés, *les eaux de Boucoiran à Nimes*, nous ne remplirons que le rôle de vérificateur, de critique et d'historien, car là ne sont ni nos convictions ni nos sympathies. — Nous en sommes déjà sûrs, et nous ne craignons pas de le dire à l'avance : — *Boucoiran doit être abandonné, et ce qui convient le mieux à la ville c'est de restaurer l'aqueduc romain et de prendre les eaux à* LAFOUX.

Toutefois, nous le sentons, notre conviction personnelle sur ce point ne peut être aussi entière dans l'esprit du public que dans le nôtre; pour la répandre, il est donc important qu'aux preuves que nous avons déjà données nous ajoutions celles qui vont résulter de nos études nouvelles sur le terrain, des recherches historiques qui nous restent encore à faire, et de l'exposition complémentaire du système de nos devanciers.... Tel sera l'objet de notre troisième et dernière partie.

En approchant du terme de notre travail, nous n'aurons garde de nous décourager, nous ne déserterons pas une tâche que nous regardons de plus en plus comme importante et honorable.

Qu'on nous permette de répéter, au moment où nous allons quitter la plume, ce que nous disions déjà presqu'à la fin de la première partie.

« Ce n'est point un livre que nous publions, mais » de simples études.... Si nous avions la prétention » de faire un livre, nous savons que notre travail don- » nerait prise aux critiques les mieux fondées. (p. 140.)

Nous énumérions alors, quels avaient été notre position en commençant, les obstacles contre lesquels il nous fallait lutter, les circonstances et les motifs qui, du moins en partie, devaient nous excuser et nous couvrir....

Que tout lecteur bienveillant jette un coup-d'œil sur les quelques lignes que nous écrivions l'année dernière pour notre défense ; il y trouvera, nous l'espérons, des raisons justes encore d'indulgence ou d'absolution, car notre position est aussi difficile aujourd'hui qu'elle l'était alors.

Anduze, le 9 juillet 1845.

NOTE.

Un de mes lecteurs les plus compétens, M. Bouchet aîné, ingénieur-mécanicien à Nîmes, a adressé, à mon occasion, le 19 courant, au *Courrier du Gard*, une réclamation qui a été insérée dans le numero du 21.

J'avais imprimé le 7 courant : — « M. Bouchet m'a » verbalement assuré, qu'en 1839 il n'avait trouvé » que dix-huit cents pouces d'eau dans le canal Cal- » vière, par un jaugeage qu'il répéta *plusieurs jours* » *consécutifs* pendant qu'il plaçait des roues hydrau- » liques dans le voisinage. »

M. Bouchet me reprend et dit : — qu'il a répété son mesurage des eaux *plusieurs fois dans la même journée*, et non *plusieurs jours consécutifs*; il dit de plus, — qu'au lieu de placer des roues hydrauliques dans le voisinage, il étudiait un changement projeté aux moulins Calvière, ce qui l'obligeait à faire ce jaugeage.

S'il en est ainsi, j'accepte ces rectifications avec empressement comme toutes celles qui me seront faites dans l'intérêt de la vérité. — Il se peut que dans une conversation fugitive j'aie mal saisi le sens des paroles de M. Bouchet et entendu ou compris : *répétés plusieurs jours*, quand il me disait *répétés plusieurs fois dans un jour*. Il en est de même pour les machines *à changer* que j'ai prises pour des machines *changées*, différence, au reste, sans aucune importance dans la question. Mais, comme sur ces deux points la certitude est évidemment du côté de M. Bouchet, je ne puis qu'adhérer à sa réclamation.

Toutefois, mon argumentation ne sera qu'infiniment peu affaiblie, si tant est qu'elle le soit ; mon but final était : — « Comment la ville de Nimes pourra-» t-elle prendre *constamment* six mille pouces d'eau » dans le canal Calvière, lorsqu'un mesurage fait *pen-» dant plusieurs jours consécutifs* prouve qu'à certai-» nes époques il n'y a dans ce canal que dix-huit cents » pouces. »

Après la rectification, mon raisonnement devra être : — « Comment la ville de Nimes pourra-t-elle » prendre *constamment* six mille pouces d'eau dans » le canal Calvière, lorsqu'un mesurage fait *plu-» sieurs fois dans un jour* prouve qu'à certaine épo-» que il n'y a eu dans ce canal que dix-huit cents » pouces ? »

On le voit, la conclusion est bien près d'être la même, et puis, je citerai un jour d'autres mesurages et d'autres faits qui me permettront de conclure encore *qu'à certaines époques* le canal Calvière ne contient pas plus de dix-huit cents pouces d'eau.

M. Bouchet explique pourquoi il fit son mesurage, « afin qu'on ne pense pas qu'il l'a opéré sans autre » but que de nuire à tout autre projet. » — M. Bouchet me paraît pousser le scrupule trop loin.

D'abord, je n'avais dit ni pensé que M. Bouchet eût fait son jaugeage dans le but de combattre aucun des systèmes qui s'agitent ; je n'en savais rien ; je crois tout-à-fait, puis qu'il le dit, qu'il ne songeait qu'aux modifications à apporter aux moulins Calvière, et d'ailleurs, pour mon système, un mesurage fait dans un but tout différent me semble un meilleur argument que s'il avait été fait exprès.

Mais quand M. Bouchet aurait mesuré les eaux dans le canal Calvière, non pour corriger les moulins, mais pour donner à la ville un renseignement important, n'eût-il pas fait l'œuvre d'un bon citoyen?

La ville de Nimes veut de l'eau. — Les uns lui disent qu'elle trouvera constamment six mille pouces dans le canal Calvière, — les autres dénient ce fait. — Il ne s'agit ici de nuire à personne, il s'agit d'éclairer la ville sur un point capital. — Tout fait bien observé est une vérité qu'on ne doit pas tenir cachée ; toute étude consciencieuse pour arriver à cette vérité est un service rendu au public. Voilà du moins comment je considère la chose. Je crois mes adversaires de bonne foi, et je ne puis penser que dans l'intérêt de leurs projets ils s'offensent de la recherche et du contrôle des faits....

M. Bouchet annonce qu'il a bien d'autres points à rectifier encore dans mon travail, mais qu'il en attend la fin pour faire le tout à la fois. Voici en quelques mots ce que je pense au sujet de la critique, de quelque côté qu'elle puisse me venir :

Je recevrai avec empressement toute observation juste, toute rectification fondée, parce que j'écris, non dans l'intérêt d'un système préconçu, mais de la vérité.

Quand un avis me paraîtra utile j'en profiterai et

je ferai connaître mon adhésion et ma gratitude envers l'auteur aussitôt que mon sujet me permettra de l'exprimer naturellement.

J'ai assez souvent modifié mes opinions moi-même, par suite d'études plus avancées, pour qu'on juge que je n'y tiens pas avec obstination.

La plupart des erreurs que j'ai commises l'ont été par suite de trop de confiance dans les assertions de mes devanciers. J'en ai déjà reconnu beaucoup, j'en reconnaîtrai d'autres encore ; je puis donc épargner assez de peine à la critique. Dans tous les cas, qu'on ne me combatte pas pour des opinions que j'ai déjà abandonnées, ce serait de la peine et du temps de perdus.

Quand une critique me paraîtra injuste ou mal fondée, je n'y répondrai pas, mais je ne changerai rien à mes opinions. Le temps est trop précieux pour le consacrer à une polémique oiseuse alors que les faits sont là, et que tôt ou tard des juges compétens seront nommés....

On voit par cette note combien les discussions de la plus mince importance occuperaient d'espace si l'on voulait s'y livrer, et combien plus, sans rien conclure, les articles deviendraient longs et nombreux.

Anduze, le 23 juillet 1843.

Jules TEISSIER.

FIN DE LA SECONDE PARTIE.

www.ingramcontent.com/pod-product-compliance
Ingram Content Group UK Ltd.
Pitfield, Milton Keynes, MK11 3LW, UK
UKHW021307190726
13839UKWH00007B/82